U0733269

整本书阅读课程化丛书

家书

傅雷—著

孔学堂书局

本书获贵州省孔学堂发展基金会资助

图书在版编目（CIP）数据

家书 / 傅雷著. —— 贵阳：孔学堂书局，2020.1
ISBN 978-7-80770-188-0

Ⅰ.①家… Ⅱ.①傅… Ⅲ.①傅雷（1908-1966）—
书信集 Ⅳ.①K825.6

中国版本图书馆CIP数据核字（2019）第294320号

家　书 傅雷 著
JIASHU

出 品 人：邓国超　李　筑
责任编辑：蒋红涛　丁　羽
责任校对：钱佳欣　胡国浚
责任印制：张　莹

出　　　品：贵州日报当代融媒体集团
出版发行：孔学堂书局
地　　　址：贵阳市云岩区宝山北路372号
　　　　　　贵阳市花溪区孔学堂中华文化国际研修园1号楼
印　　　制：北京楠萍印刷有限公司
开　　　本：710mm×1000mm　1/16
字　　　数：183千字
印　　　张：14
版　　　次：2020年1月第1版
印　　　次：2020年1月第1次
书　　　号：ISBN 978-7-80770-188-0
定　　　价：25.00元

版权所有·翻印必究

序 言

　　傅雷（1908 年 4 月 7 日—1966 年 9 月 3 日），字怒安，号怒庵，著名文学翻译家、文艺评论家、美术评论家。从 20 世纪 30 年代起，即致力于法国文学的翻译介绍工作，以勤奋的一生，翻译了 34 部外国文艺名著，把法国的重要作家，如伏尔泰、巴尔扎克、罗曼·罗兰等的重要作品介绍给了中国读者。

　　傅雷早年留学法国，学习艺术理论，得以观摩世界级艺术大师的作品，大大地提高了他的艺术修养。同时，对古今中外的文学、绘画、音乐等各个领域，都有极其渊博的知识。1931 年回国后曾担任上海美术专科学校办公室主任，兼授西方美术史和法语。1933 年辞去职务，选择译书为业。

　　傅雷希望通过翻译引进国外的优秀作品，开阔国人的精神视野，启迪国民的文学素养，同时给予困境中的人们以生活的勇气和信心。傅雷行文传神生动，文笔流畅，用词丰富，富于变化。其数百万言的译作，成为中国译界备受推崇的经典，甚至形成了"傅雷体华文语言"。法国文学研究专家柳鸣九先生在《永恒的〈约翰·克利斯朵夫〉》一文中，评价傅雷是"在中国堪称一两个世纪也难得出现的翻译巨匠"。

　　《傅雷家书》是我国文学艺术翻译家傅雷及夫人在 1954 年至

1966年间写给孩子傅聪的家信摘编，书中体现了浓浓的父爱。每个父亲对他的孩子都疼爱有加，但傅老在疼爱的同时，更注重对儿子的教诲，音乐、美术、哲学、文学乃至健康等，几乎面面俱到。该书是一本优秀的素质教育经典范本，是充满父爱的教子名篇。

本书从傅雷家书中精选篇目，重新编排。全书分四个部分：生活、做人、艺术、思想，每一部分又按照时间顺序编排。信中的内容，始终把道德与艺术放在第一位，把舐犊之情放在第二位。除生活琐事外，更多的是谈论一个中国人应有的家国情怀、做人的品格等，让儿子知道如何做一个"德才具备、人格卓越的艺术家"。

信中首先强调的，是一个年轻人如何做人、如何对待生活的问题。傅雷用自己的经历现身说法，教导儿子待人谦虚，做事严谨，礼仪得体；在儿子遇到困难的时候，鼓励其不气馁；在儿子获大奖的时候，警戒其不可骄傲。同时，傅雷对日常生活如何劳逸结合、正确理财，以及如何正确处理恋爱婚姻等问题，都像良师益友一样提出合理的意见和建议。信中还有对过去教子过于严格的悔赎。中国的父母一向对自己的过错不够坦诚，而傅雷却做到了这一点，可以说是知识分子育人的榜样。另外，信中更多的是对音乐和艺术的指导和探讨。还以相当多的篇幅谈美术，谈音乐作品，谈表现技巧、艺术修养等。对傅聪后来的艺术成就产生了不可忽视的引导作用。

1954年至1966年，这十多年间，傅聪和父母见面仅有一次，通电话也不超过十次，他们情感的联系全在这些信里。一部《傅雷家书》"充满着父爱的苦心孤诣、呕心沥血的教子篇"，也是"最好的艺术学徒修养读物"，更是既平凡又典型的近代中国知识分子的深刻写照，是可以让我们更好提高自身修养的一本好书，更值得父母和孩子读一读。

目 录

唯有艺术、学问不负人

赤子孤独了，会创造一个世界

流淌在生活里的温情

你走后第二天，就想写信，怕你嫌烦，也就罢了。可是没一天不想着你，每天清早六七点就醒，翻来覆去睡不着，也说不出为什么。

——傅雷

一九五四年

一月十八日晚／十九日晚

聪：

车一开动，大家都变了泪人儿，呆呆地直立在月台上，等到冗长的列车全部出了站方始回身。出站时沈伯伯再三劝慰我，但回家的三轮车上，个个人都止不住流泪。敏一直抽抽噎噎，昨天一夜我们都没睡好，时时刻刻惊醒。今天睡午觉，刚刚蒙眬阖眼，又是心惊肉跳的醒了。昨夜月台上的滋味，多少年来没尝到了，胸口抽痛，胃里难过，只有从前失恋的时候有过这经验。今儿一天好像大病之后，一点劲都没得。妈妈随时随地都想哭——眼睛已经肿得不像样了，干得发痛了，还是忍不住要哭。只说了句"一天到晚堆着笑脸"，她又呜咽不成声了。真的，孩子，你这一次真是"一天到晚堆着笑脸"，教人怎么舍得！老想到五三年正月的事，我良心上的责备简直消释不了。孩子，我虐待了你，我永远对不起你，我永远补赎不了这种罪过！这些念头整整一天没离开过我的头脑，只是不敢向妈妈说。人生做错了一件事，良心就永久不得安宁！真的，巴尔扎克说得好："有些罪过只能补赎，不能洗刷！"

十八日晚

　　昨夜一上床，又把你的童年温了一遍。可怜的孩子，怎么你的童年会跟我的那么相似呢？我也知道你从小受的挫折对于你今日的成就并非没有帮助，但我做爸爸的总是犯了很多很大的错误。自问一生对朋友对社会没有做什么对不起的事，就是在家里，对你和你妈妈做了不少有亏良心的事。这些都是近一年中常常想到的，不过这几天特别在脑海中盘旋不去，像噩梦一般。可怜过了四十五岁，父性才真正觉醒！

　　今儿一天精神仍未恢复。人生的关是过不完的，等到过得差不多的时候，又要离开世界了。分析这两天来精神的波动，大半是因为：我从来没爱你像现在这样爱得深切，而正在这爱的最深切的关头，偏偏来了离别！这一关对我、对你妈妈都是从未有过的考验。别忘了妈妈之于你不仅仅是一般的母爱，而尤其因为她为了你花的心血最多，为你受的委屈——当然是我的过失——最多而且最深最痛苦。园丁以血泪灌溉出来的花果迟早得送到人间去让别人享受，可是在离别的关头怎么免得了割舍不得的情绪呢？

　　跟着你痛苦的童年一起过去的，是我不懂做爸爸的艺术的壮年。幸亏你得天独厚，任凭如何打击都摧毁不了你，因而减少了我一部分罪过。可是结果是一回事，当年的事实又是一回事：尽管我埋葬了自己的过去，却始终埋葬不了自己的错误。孩子，孩子，孩子，我要怎样的拥抱你才能表示我的悔与热爱呢!

十九日晚

　　儿子独自去异国求学，父母的思念之情无以言表。两封家书里，既有父母家人对儿子的担忧思念，又有父亲对于以往做错事的愧疚，饱含一个父亲对儿子深切的爱，更表现出父亲的博大胸怀。

一月三十日晚

亲爱的孩子：

　　你走后第二天，就想写信，怕你嫌烦，也就罢了。可是没一天不想着你，每天清早六七点就醒，翻来覆去睡不着，也说不出为什么。好像克利斯朵夫的母亲独自守在家里，想起孩子童年一幕幕的形象一样；我和你妈妈老是想着你二三岁到六七岁间的小故事——这一类的话我们不知有多少可以和你说，可是不敢说，你这个年纪是一切向前的，不愿意回顾的；我们啰里啰唆抖出你尿布时代及一把鼻涕一把眼泪时代的往事，会引起你的憎厌。孩子，这些我都很懂得，妈妈也懂得。只是你的一切终身会印在我们脑海中，随时随地会浮起来，像一幅幅的小品图画，使我们又快乐又惆怅。

　　真的，你这次在家一个半月，是我们一生最愉快的时期。这幸福不知应当向谁感谢，即使我没宗教信仰，至此也不由得要谢谢上帝了！我高兴的是我又多了一个朋友，儿子变成朋友，世界上有什么事可以和这种幸福相比的！尽管将来你我之间离多别少，但我精神上至少是温暖的，不孤独的。我相信我一定会做到不太落伍，不太冬烘，不至于惹你厌烦。也希望你不要以为我在高峰的顶尖上所想的，所见到的，比你们的不真实。年纪大的人终是往更远的前途看，许多事你们一时觉得我看得不对，日子久了，现实却给你证明我并没大错。

孩子，我从你身上得到的教训，恐怕不比你从我得到的少。尤其是近三年来，你不知使我对人生多增了几许深刻的体验，我从与你相处的过程中学到了忍耐，学到了说话的技巧，学到了把感情升华！

你走后第二天，妈妈哭了，眼睛肿了两天：这叫作悲喜交集的眼泪。我们可以不用怕羞的这样告诉你，也可以不担心你憎厌而这样告诉你。人毕竟是感情的动物，偶然流露也不是可耻的事。何况母亲的眼泪永远是圣洁的、慈爱的！

一月三十日晚 *

（此信系母亲所写。以下标有 * 号的，均母亲信，不一一注明。）

亲爱的聪儿：

自昨天起我们开始等你的信了，算起日子来，也该有信来了。你真不知道为娘的牵肠挂肚，放怀不开。你走后，忙着为你搬运钢琴的事，今天中午已由旅行社车去，等车皮有空就可装运。接着阴历年底快要到了，我又忙着家务，整天都是些琐碎事儿，可是等到空下来，或是深夜，就老是想着你，同爸爸两人谈你，过去的，现在的，抱着快乐而带点惆怅的心情，忍不住要流下泪来，不能自已。你这次回来的一个半月，真是值得纪念的，因为是我一生中最愉快、最兴奋、最幸福的一个时期。看到你们父子之间的融洽，互相倾诉，毫无顾忌，以前我常常要为之担心的恐惧扫除一空，我只有抱着欢乐静听你们的谈论，我觉得多幸福、多安慰，由痛苦换来的欢乐才是永恒的。虽然我们将来在一起的时候不会多，但是凭了回忆，宝贵的回忆，我也会破涕而笑了。我们之间，除了"爱"之外，没有可说的了。我对你的希望和前途是乐观的，就是有这么一点母子之情割舍不得。只要常常写信来，只要看见你写着"亲爱的爸爸妈妈"，我已满足了。

　　纵观历史上的成功人物，大都有一个共同点——有一位伟大的母亲。母亲往往在家庭里身兼数职，照顾全家人的生活、教育子女、陪伴丈夫、充当父子关系的润滑剂。这封家书短短几百字就勾勒出一位视儿如生命、期盼父子和睦的慈母形象。

二月二十四日 *

亲爱的聪：

　　你的信今天终于收到了，很快慰。你走后，我们心里的矛盾真是无法形容，当然为你的前途，我们应该庆幸，你有那么好的机会，再幸运也没有了；可是一想到那么长的别离，总有些不舒服，但愿你努力学习，保重身体，我相信你决不会辜负国家对你的期望，我们的一番苦心。你在国外，千万多写家信，把什么都告诉我们，不论琐碎的重大的，我们都乐意知道，有机会拍了照片，也要不时寄来。你的信我们看得多宝贵，我们虽然分离了，可是心永久在一起，这是你给我们的唯一的安慰。

在京洗的衣服成绩怎么样？希望你慢慢地仔仔细细整理东西，妈妈不能代你理东西，真是件遗憾的事。今天冒雨为你添印了一打派司〔pass〕照片，现在附上，希望你收到后就放在黑包内，以备将来派用场。维生素 B 一定要吃，以后生活一定要有规律，你现在懂事了，我也不再操心了。不过空下来老念着你，很高兴会常常梦见你，孩子，妈妈多疼你，只愿你多多来信，我们才感谢不尽呢！不多谈了，要说的话，爸爸已写了许多，望你多多保重！祝快乐！

六月二十九日 *

亲爱的聪：

收到你的信多么快慰，我们的笑和哭都是从心底里发出来的，孩子，只有你的一切才能使我们的心开放，想到你，我就觉得幸福了，没什么抱怨的了。回想你在家的一星期，我的精神好得可以日夜不睡，等你一走，连着两天好似瘫痪了。隔了几天，要修理爸爸的书房，又忙着搬屋子，整整忙了三天，现在又一切就绪，安排得有些像样了。爸爸的书橱都搬在阳台上，阳台变了书库，爸爸的书房暂时在三楼，布置得还算落位……这几天我想你忙着整理行装，衣服究竟做了几套？做工满意否？放内衣的箱子有没有给你？前次塞在你皮鞋盒子内的牙刷牙膏等零星什物，你可以将目前需要用的，拿一些出来，其余都可以装箱，只要账上记好，因为小东西容易疏忽。整理东西是件琐碎而麻烦的事，这次倒是给你训练训练，希望你有条有理，千万不可不耐烦而马虎。你临走前的一切情形，不嫌求详地告诉我们，我们才乐呢！你收到我这封信的时候，离开祖国的日子没有几天了，出国后，多多写信来，在遥远祖国的爸爸妈妈，没有一天不在惦念你，祝祷你的成功、努力！最要紧的要保重身体，衣着寒暖，都要小心。我们抱着希望、快乐的心情，等你各方面满载而归！别了，一切珍重！

母亲对儿子的关怀，事无巨细，一件一件，体贴而周到。一句一句细细的叮咛，表现出母亲对儿子无私的爱。

七月二十九日 *

亲爱的聪：

上星期六（七月二十四日）爸爸说三天之内应该有聪的信，果然，他的预感一点儿也不错，二十六日收到你在车中写的，莫斯科发的，由张宁和转寄的信，我们多高兴！你的信，字迹虽是草率，可是写得太好了，我们大为欣赏，一个人孤独了，思想集中，所发的感想都是真情实意。你所赏识的李太白、白居易、苏东坡、辛稼轩等各大诗人也是我们所喜欢，一切都有同感，亦是一乐也。等到你有什么苦闷、寂寞的时候，多多接触我们祖国的伟大诗人，可以为你遣兴解忧，给你温暖。……阿敏的琴也脱胶了，正在修理。这一星期来，他又恢复正常，他也有自知之明，并不固执了，因为我们同他讲欣赏与学习是两件事。他是平均发展的，把中学放弃了，未免可惜，我们赞成他提琴不要放弃，中学也不要放弃，陈又新的看法亦然如此。现在他似乎想通了，不闹情绪了，每天拉琴四小时，余下时间看克利斯朵夫，还有听音乐，偶尔出去看看电影。这次波兰电影周,《肖邦的青年时代》他陪我去看了,有些不过瘾,编剧有问题,光线太阴暗,还不是理想的。修理的房子还没有干透,爸爸还在三楼工作,他对工作的有规律,你是深知的。服尔德(伏尔泰的旧译,以下同)的作品译了三分之二,每天总得十小时以上,预计九月可出版。近来工作紧张了,晚上不容易睡好,我叫他少做些,他总是非把每天规定的做完不可,性格如此,也没办法。一空下来,他还要为你千思百虑的操心,替你想这样想那样,因为他是出过国的,要把过去的经验尽量告诉你,可以减少许多不必要的周折。他又是样样想得周到,有许多宝贵的意见,他得告诉你、指导你、提醒你。孩子,千万别把爸爸的话当耳边风,一定要牢牢记住,而且要经过一番思索,我们的信可以收起来,一个人孤寂的时候,可以不时翻翻。我们做父母的人,为了儿女,不怕艰难,不辞劳苦,只要为你们好,能够有助于你们的,我们总尽量的给。希望你也能多告诉我们。你的忧,你的乐,就是我们的,让我们永远联结在一起。我们虽然年纪会老,可是不甘落后,永远也想追随在你们后面。

　　唱片的 card(卡片),我已全部做好,以作曲家为主,什么作品,谁的指挥,什么乐队,谁的独奏,都写得清清楚楚,而且放在哪个柜子,哪一格内,第几号,都写在唱片袋上,所以要找方便,要归还也方便。一共有五百多张唱片,也不算少了。等到书房搬好,爸爸还要我做书的卡片,好像图书馆一样,你看我忙吗?反正我喜欢工作,没有事反觉无聊。每天一上午我要帮着做杂务,到下午才有时间分配给爸爸,晚上是我最舒服的时间,透一口气,可以静下来看看书了。

　　读母亲的家信,总是亲切而轻松,就像依偎在母亲身边,听她说说工作，话话家常。表达自己的爱与惦念之余，母亲更是会引导儿子理解父亲的苦心与教诲。

八月七日夜

亲爱的孩子：

　　二十日的信，邮戳是二十三日的，到上海是三十一日，真是快得很。大概代寄的人耽误了两天，现在想必在海滨了。我查地图，翻字典，大概 Gdansk〔格但斯克〕就是从前的但泽〔Danzig〕，但你又加了一个 Sopot〔索波德〕不知何意。是否在大城近边的一个小地名？

　　第一件我要郑重嘱咐你的事，就是你千万不要下海游泳。除非有正式的职业游泳教师教，自己不能跟着青年朋友去。这一点是我们最放心不下的。海边不比内河，潮水涨落，非可逆料，而且来势的迅速出人意料。我会游泳的也有戒心，何况你！为了免得我们提心吊胆，此事切切牢记！

　　见到 Eva〔埃娃〕，她也收到我的信，真是高兴。其实你去告诉她，写俄文来，我们可以找人翻译的。希望你把她的地名及姓氏详细正楷写给我。

　　…………

　　海滨是否先来一个测验式的手续？派给你的教授 Hoffman〔霍夫曼〕见了没有？是怎样的人？多少年纪了？不妨描写一番。大家对你有何意见？好的坏的，我都希望听到，就像你出去了一天，晚上在书房里和我一灯相对那样的畅谈。

　　近来我工作紧张之至，所以又腰酸背痛起来。我整个生活几乎与机器相似。星期日给恩德与敏二人上课，下午不免有客。除了理发，简直不上街。你的信早已想写，也直压到今天。给恩德上"文化史"，我也要花时间预备，所以更忙了。

你写信直式横式本无所谓，倘夹的西文多，似乎横式较便。我觉得写行书，是上下相连的，故直式较快。

你在外面快活，当然我们也快活，但愿分一些快活给我们，多多报告消息。你的材料，叫我写来一定每星期都可写上好几千字。写信要训练把字写得小，信纸用薄的航空纸：字小纸薄，才可以多写而不多花邮费。

…………

你到华沙第二日就走，可见他们并非要你去参加国庆，而是借此让我国政府使得你早走，是不是？你八日离京，二十日到华沙，莫斯科还住了两天：可知要是中途不停留，北京到华沙只要十天十一天工夫，你说对不对？我们把波兰地图都翻过了。

你有许多事都不确定，觉得慢一些告诉我们为妙。其实多写几次信，把情形随时报告，不是一样吗？我们不是更喜欢吗？

这封信里都是生活琐事，却处处流露着对儿子的关切之情。语言亲切，如同面对面的交谈一样。

八月十六日 *

……这几天，这里为了防台防汛，各单位各组织都紧张非凡，日夜赶着防御工程，抵抗大潮汛的侵袭。据预测，今年的潮水特别大，有高出黄浦江数尺的可能，为预防起见，故特别忙碌辛苦。长江淮河水患已有数月之久，非常艰苦，为了抢修抢救，不知牺牲了多少生命，同时又保全了多少生命财产。都是些英雄与水搏斗。听说水涨最高的地方，老百姓无处安身，躲在树上，大小便、死尸、脏物都漂浮河内，多少党员团员领先抢救。筑堤筑坝，先得打桩，但是水势太猛，非有一个人把桩把住，让另外一个人打下去不可；听说打桩的人，有时会不慎打在抱桩的身上、头上、手上，或是水流湍急就这么把抱着桩的人淹没了；光是打桩一件事，已不知牺牲了多少人，他们都是不出怨言的那么无声无息地死去，为了与自然斗争而死去。许多悲惨的传闻，都令人心惊胆战。

牛家的大妹，不久就要出发到淮河做卫生工作，同时去的有上千的医务人员，这是困苦万状的工作，都是冒着生命危险去的。你想先是饮水一项，已是危险万分，何况疟疾伤寒那些病菌的传染，简直不堪设想。我看了《保卫延安》以后，更可以想象得出大小干部为了水患而艰苦的斗争是怎么一回事。那是一样的可怕，一样的伟大。（好像楼伯伯送你一部，你看过没有？）

我常常联想起你，你不用参加这件与自然的残酷斗争。幸运的孩子，你在中国可说是史无前例的天之骄子。一个人的机会、享受，是以千千万万人的代价换来的，那是多么宝贵。你得抓住时间，提高警惕，非苦修苦练，不足以报效国家，对得住同胞。看重自己就是看重国家。不要忘记了祖国千万同胞都在自己的岗位上努力，为人类的幸福而努力。尤其要想到目前国内生灵所受的威胁，所做的牺牲。把你个人的烦闷，小小的感情上的苦恼，一起割舍干净。这也是你爸爸常常和我提到的。我想到爸爸前信要求你在这几年中要过等于僧侣的生活，现在我觉得这句话更重要了。你在万里之外，这样舒服，跟着别人跟不到的老师；学到别人学不到的东西；感受到别人感受不到的气氛；享受到别人享受不到的山水之美，艺术之美，所以在大大小小的地方不能有对不起国家、对不起同胞的事发生。否则，艺术家的慈悲与博爱就等于一句空话了。爸爸一再说你懂得多而表现少，尤其是在人事方面，我也有同感。但我相信你慢慢会有进步的，不会辜负我们的。我又想到国内学艺术的人中间，没有一个人像你这样，从小受了那么多的道德教训。你爸爸花的心血，希望你去完成它；你的成功，应该是你们父子两人合起来的成功。我的感想很多，可怜我不能完全表达出来。

　　现在离你们比赛的时期还有六个月，为时不算多，你既要加紧工作，还要学习波兰文，够你忙的了。你居住的地方，可有什么风景片？倘有照相的机会，一定要寄来，我们很想念你，请你把学习经过写得详细些，写回信的时候，再看看我们的信，可有什么遗漏没有回答我们的。

　　通过对国家遭受自然灾害的描述，母亲教育儿子珍惜得之不易的学习机会和幸福生活，在做一个艺术家的同时，更要做一个道德高尚的人，做一个对祖国和民族有用的人。母亲的爱国情感令人敬佩。

一九六〇年

八月二十九日

亲爱的孩子：

八月二十日报告的喜讯使我们心中说不出的欢喜和兴奋。你在人生的旅途中踏上一个新的阶段，开始负起新的责任来，我们要祝贺你、祝福你、鼓励你。希望你拿出像对待音乐艺术一样的毅力、信心、虔诚，来学习人生艺术中最高深的一课。但愿你将来在这一门艺术中得到像你在音乐艺术中一样的成功！发生什么疑难或苦闷，随时向一两个正直而有经验的中老年人讨教，（你在伦敦已有一年八个月，也该有这样老成的朋友吧？）深思熟虑，然后决定，切勿单凭一时冲动。只要你能做到这几点，我们也就放心了。

对终身伴侣的要求，正如对人生一切的要求一样不能太苛。事情总有正反两面：追得你太迫切了，你觉得负担重；追得不紧了，又觉得不够热烈。温柔的人有时会显得懦弱，刚强了又近乎专制。

幻想多了未免不切实际，能干的管家太太又觉得俗气。只有长处没有短处的人在哪儿呢？世界上究竟有没有十全十美的人或事物呢？抚躬自问，自己又完美到什么程度呢？这一类的问题想必你考虑过不止一次。我觉得最主要的还是本质的善良，天性的温厚，开阔的胸襟。有了这三样，其他都可以逐渐培养；而且有了这三样，将来即使遇到大大小小的风波也不致变成悲剧。做艺术家的妻子比做任何人的妻子都难。你要不预先明白这一点，即使你知道"责人太严，责己太宽"，也不容易学会明哲、体贴、容忍。只要能代你解决生活琐事，同时对你的事业感兴趣就行，对学问的钻研等暂时不必期望过奢，还得看你们婚后的生活如何。眼前双方先学习相互的尊重、谅解、宽容。

对方把你作为她整个的世界固然很危险，但也很宝贵！你既已发觉，一定会慢慢点醒她，最好旁敲侧击而勿正面提出，还要使她感到那是为了维护她的人格独立，扩大她的世界观。倘若你已经想到奥里维的故事，不妨就把那部书叫她细读一二遍，特别要她注意那一段插曲。像雅葛丽纳那样只知道 love, love, love！〔爱，爱，爱！〕的人只是童话中人物，在现实世界中非但得不到 love，连日子都会过不下去，因为她除了 love 一无所知，一无所有，一无所爱。这样狭窄的天地哪像一个天地！这样片面的人生观哪会得到幸福！无论男女，只有把兴趣集中在事业上、学问上、艺术上，尽量抛开渺小的自我（ego），才有快活的可能，才觉得活得有意义。未经世事的少女往往会存一个荒诞的梦想，以为恋爱时期感情的高潮也能在婚后维持下去。这是违反自然规律的妄想。古语说，"君子之交淡如水"；又有一句话说，"夫妇相敬如宾"。可见只有平静、含蓄、温和的感情方能持久；另外一句的意义是说，夫妇到后来完全是一种知己朋友的关系，也即是我们所谓的终身伴侣。未婚之前双方能深切领会到这一点，就为将来打定了最可靠的基础，免除了多少不必要的误会与痛苦。

你是以艺术为生命的人，也是把真理、正义、人格等看作高于一切的人，也是以工作为乐的人；我用不着唠叨，想你早已把这些信念表白过，而且竭力灌输给对方的了。我只想提醒你几点：第一，世界上最有力的论证莫如实际行动，最有效的教育莫如以身作则；自己做不到的事千万勿要求别人；自己也要犯的毛病先批评自己，先改自己的。第二，永远不要忘了我教育你的时候犯的许多过严的毛病。我过去的错误要是能使你避免同样的错误，我的罪过也可以减轻几分；你受过的痛苦不再施之于他人，你也不算白白吃苦。总的来说，尽管指点别人，可不要给人"好为人师"的感觉。奥诺丽纳（你还记得巴尔扎克那个中篇吗？）的不幸一大半是咎由自取，一小部分也因为丈夫教育她的态度伤了她的自尊心。凡是童年不快乐的人都特别脆弱（也有训练得格外坚强的，但只是少数），特别敏感，你回想一下自己，就会知道对待你的爱人要如何 delicate〔温柔〕，如何 discreet〔谨慎〕了。

我相信你对爱情问题看得比以前更郑重更严肃了；就在这考验时期，希望你更加用严肃的态度对待一切，尤其要对婚后的责任先培养一种忠诚、庄严、虔敬的心情！

八月二十九日 *

亲爱的聪：

今天接到你的喜讯，真是说不出的高兴，做母亲的愿望总算实现了。男大当婚，女大当嫁，这是天经地义的事，但愿你跟弥拉姻缘美满，我们为儿女担的心也算告一段落。她既美丽、聪明、温柔，对你是最合适了；我常常讲，聪找的对象一定要有这样的条件，因为我跟你爸爸的结合，能够和平相处，就是一个很显著的例子。只要真正认识对方，了解对方，就是受些委屈，也是不计较的。归根结底，到底自己也有错误的地方。希望你不要太苛求，看事情不要太认真，平易近人，总是给人一种体贴亲切之感。尤其对你终身的伴侣，不可三心二意，要始终如一。只要你们真正相爱，互相容忍，互相宽恕，难免的小波折很快会烟消云散。尤其你自己身上的缺点很多，你太像父亲了，只要有自知之明，你的爱人就会幸福。还有一点要提醒你，以后再也不要怀念童年的初恋，人家早已成了家，不但想了无用，而且无意中流露出来，也徒然增加你现在爱人的误会，那是最犯忌的，也是没有意义的。爸爸已经说了许多，而且都是经验之谈，我们在人生的旅途上走了几十年，非但结合自己的经历，而且朋友之中多多少少悲欢离合的事也看得很多，所以尽量告诉你，目的就是希望你们永远幸福。

　　这两封信是父母对儿子婚姻的祝福，在欣慰喜悦的同时，也不忘告诫儿子处理好自己的婚姻关系，获得幸福的生活。信里表达的择偶观、夫妻的相处之道，都极有见地，值得青年人思考。

一九六一年

五月二十三日／二十四日

亲爱的孩子：

越知道你中文生疏，我越需要和你多写中文；同时免得弥拉和我们隔膜，也要尽量写英文。有时一些话不免在中英文信中重复，望勿误会是我老糊涂。从你婚后，我觉得对弥拉如同对你一样负有指导的责任：许多有关人生和家常琐事的经验，你不知道还不打紧，弥拉可不能不学习，否则如何能帮助你解决问题呢？既然她自幼的遭遇不很幸福，得到父母指点的地方不见得很充分，再加西方人总有许多观点与我们有距离，特别在人生的淡泊、起居享用的俭朴方面，我更认为应当逐渐把我们东方民族（虽然她也是东方血统，但她的东方只是徒有其名了！）的明智的传统灌输给她。前信问你有关她与生母的感情，务望来信告知。这是人伦至性，我们不能不关心弥拉在这方面的心情或苦闷。

　　不愿意把物质的事挂在嘴边是一件事，不糊里糊涂莫名其妙的丢失钱是另一件事！这是我与你大不相同之处。我也觉得提到阿堵物是俗气，可是我年轻时母亲（你的祖母）对我的零用钱抓得极紧，加上二十四岁独立当家，收入不丰，所以比你在经济上会计算，会筹划，尤其比你原则性强。当然，这些对你的艺术家气质不很调和，但也只是对像你这样的艺术家是如此；精明能干的艺术家也有的是。肖邦即是一个有名的例子：他从来不让出版商剥削，和他们谈判条件从不怕烦。你在金钱方面的洁癖，在我们眼中是高尚的节操，在西方拜金世界和吸血世界中却是任人鱼肉的好材料。我不和人争利，但也绝不肯被人剥削，遇到这种情形不能不争——这也是我与你不同之处。但你也知道，我争的还是一个理而不是为钱，争的是一口气而不是为的利。在这一点上你和我仍然相像。

　　总而言之，理财有方法，有系统，并不与重视物质有必然的联系，而只是为了不吃物质的亏而采取的预防措施；正如日常生活有规律，并非求生活刻板枯燥，而是为了争取更多的时间，节省更多的精力来做些有用的事，读些有益的书，总之是为了更完美的享受人生。一九四五年我和周伯伯写的文章每字每句脱不了罗曼·罗兰的气息和口吻，我苦苦挣扎了十多天，终于摆脱了，重新找到了我自己的文风。这事我始终不能忘怀。你现在思想方式受外国语文束缚，与我当时受罗曼·罗兰（翻了他一百二十万字的长篇自然免不了受影响）的束缚有些相似，只是你生活在外国语文的环境中，更不容易解脱，但并非绝对不可能解决。例如我能写中文，也能写法文和英文，固然时间要花得多一些，但不至于像你这样二百多字的一页中文（在我应当是英文——因我从来没有实地应用英文的机会）要花费一小时。问题在于你的意志，只要你立意克服，恢复中文的困难早晚能克服。我建议你每天写一些中文日记，便是简简单单写一篇三四行的流水账，记一些生活琐事也好，唯一的条件是有恒。倘你天天写一二百字，持续到四五星期，你的中文必然会流畅得多——最近翻出你一九五〇年十月昆明来信，读了感慨很多。到今天为止，敏还写不出你十六岁时写的那样的中文。既然你有相当根基，恢复并不太难，希望你有信心，不要胆怯，要坚持，持久！你这次写的第一页，虽然气力花了不少，中文还是很好，很能表达你的真情实感——要长此生疏下去，我倒真替你着急呢！我竟说不出我和你两人为这个问题谁更焦急。可是干着急无济于事，主要是想办法解决，想了办法该坚决贯彻！再告诉你一点：你从英国写回来的中文信，不论从措辞或从风格上看，都还是比你的英文强得多，因为你的中文毕竟有许多古书做底子，不比你的英文只是浮光掠影撷拾得来的。你知道了这一点应该更有自信心了吧！

柏辽兹我一向认为最能代表法兰西民族，最不受德、意两国音乐传统的影响。《基督童年》一曲朴素而又精雅，热烈而又含蓄，虔诚而又健康，完全写出一个健全的人的宗教情绪，广义的宗教情绪，对一切神圣、纯洁、美好、无邪的事物的崇敬。来信说得很对，那个曲子又有热情又有恬静，又兴奋又淡泊，第二段的古风尤其可爱。怪不得当初巴黎的批评家都受了骗，以为真是新发现的十七世纪法国教士作的。但那 narrator〔叙述者〕唱得太过火了些，我觉得家中原有老哥伦比亚的一个片段比这个新片更素雅自然。可惜你不懂法文，全篇唱词之美在英文译文中完全消失了。我对照看了几段，简直不能传达原作的美于万一！（原文写得像《圣经》一般单纯！可是多美！）想你也知道全部脚本是出于柏辽兹的手笔。

你既对柏辽兹感到很大兴趣，应当赶快买一本罗曼·罗兰的

《今代音乐家》(*Musicians d'aujourd'hui*)，读一读论柏辽兹的一篇。（那篇文章写得好极了！）倘英译本还有同一作者的《古代音乐家》(*Musicians d'autrefois*) 当然也该买。正因为柏辽兹完全表达他自己，不理会也不知道（据说他早期根本不知道巴赫）过去的成规俗套，所以你听来格外清新、亲切、真诚，而且独具一格。也正因为你是中国人，受西洋音乐传统的熏陶较浅，所以你更能欣赏独往独来，在音乐上追求自由甚于一切的柏辽兹。而也由于同样的理由，我热切期望未来的中国音乐应该是这样一个境界。为什么不呢？俄罗斯五大家不也由于同样的理由爱好柏辽兹吗？同时，不也是由于同样的理由，穆索尔斯基对近代各国的乐派发生极大的影响吗？丹纳原书的确值得细读，而且要不止一遍的读，你一定会欣赏。暂时寄你的只限于希腊部分，也足够你细细回味和吸收了。

你说的很对，"学然后知不足"，只有不学无术或是浅尝即止的人才会自大自满。我愈来愈觉得读书太少，聊以自慰的就是还算会吸收、消化、贯通。像你这样的艺术家，应当无书不读，像 Busoni〔布索尼〕、Hindemith〔欣德米特〕那样。就因为此，你更需和弥拉俩妥善安排日常生活，一切起居小节都该有规律有计划，才能挤出时间来。当然，艺术家也不能没有懒洋洋的耽于幻想的时间，可不能太多，否则成了习惯就浪费光阴了。没有音乐会的期间也该有个计划，哪几天招待朋友，哪几天听音乐会，哪几天照常练琴，哪几天读哪一本书。一朝有了安排，就不至于因为无目的无任务而感到空虚与烦躁了。这些琐琐碎碎的项目其实就是生活艺术的内容。否则空谈"人生也是艺术"，究竟指什么呢？对自己有什么好处呢？但愿你与弥拉多谈谈这些问题，定出计划来按部就班地做去。最要紧的是定的计划不能随便打破或打乱。你该回想一下我的作风，可以加强你实践的意志。你初订婚时不是有过指导弥拉的念头吗？现在成了家，更当在实际生活中以身作则，用行动来感染她！

正如你说的，你和我在许多地方太相像了，不知你在小事情的脾气上是否常常把爸爸作为你的警戒？弥拉还是孩子，你更得优容些，多用善言劝导，多多坐下来商量，切勿遇事烦躁，像我这样。你要能不犯你爸爸在这方面的错误，我就更安心更快活了。

二十三日

……另外，你也从未提及是否备有胶带录音设备，使你能细细听你自己的演奏。这倒是你极需要的。一般评论都说你的肖邦表情太多，要是听任乐曲本身自己表达（即少加表情），效果只会更好。批评家还说大概是你年龄关系，过了四十，也许你自己会改变。这一类的说法你觉得对不对？（Cologne〔科隆〕的评论有些写得很拐弯抹角，完全是德国人脾气，爱复杂。）我的看法，你有时不免夸张。理论上你是对的，但实际表达往往会"太过"。唯一的补救与防止，是在心情非常冷静的时候，多听自己家里的 tape〔磁带〕录音；听的时候要尽量客观，当作别人的演奏一样对待。

我自己常常发觉译的东西过了几个月就不满意，往往当时感到得意的段落，隔一些时候就觉得平淡得很，甚至于糟糕得很。当然，也有很多情形，人家对我的批评与我自己的批评并不对头：人家指出的，我不认为是毛病；自己认为毛病的，人家却并未指出。想来你也有同样的经验。在空闲（即无音乐会）期间有朋友来往，不但是应有的调剂，使自己不致与现实隔膜，同时也表示别人喜欢你，是件大好事。主要是这些应酬也得有限度有计划。最忌有求必应，每会必到，也最忌临时添出新客新事。西方习惯多半先用电话预约，很少人会做不速之客——即使有不速之客，必是极知己的人，不致妨碍你原定计划的——希望弥拉慢慢能学会这一套安排的技术。原则就是要取主动，不能处处被动！

孩子，来信有句话很奇怪。沉默如何就等于同意或了解呢？不同意或不领会，岂非也可用沉默来表现吗？在我，因为太追求逻辑与合理，往往什么话都要说得明白，问得明白，答复别人也答复得分明；沉默倒像表示躲避，引起别人的感觉不是信任或放心，而是疑虑或焦急。过去我常问到你经济情况，怕你开支浩大，演出太多，有伤身体与精神的健康；主要是因为我深知一个艺术家在西方世界中保持独立多么不容易，而唯有经济有切实保障才能维持人格的独立。并且父母对儿女的物质生活总是特别关心。再过一二十年，等你的孩子长成以后，你就会体验到这种心情。

二十四日

这几封信集中阐述了两个问题：一是理财，二是计划。其实这两个问题又有着内在的联系：理财要有方法，有系统，并不与重视物质有必然的联系，而只是为了不吃物质的亏而采取的预防措施；正如日常生活有规律，并非求生活刻板枯燥，而是为了争取更多的时间，节省更多的精力来做些有用的事，读些有益的书，享受人生。

十月五日夜 *

亲爱的聪：

我抱着满腔愉快的心情告诉你一个好消息，我日夜盼望的那么一天终于到来,爸爸的问题解决了,已于九月三十日报上发表(就是"摘掉帽子")。爸爸是一九五八年四月底戴上右派帽子的,他是文艺界中最后一个,当时阿敏就要告诉你,我们怕刺激你,立即去信阻止,所以你大概有些不清不楚。这完全是党的宽大以及他数十年如一日的辛勤工作的结果,但他自己认为谈不上什么自我改造。他认为本来"戴帽子"与"摘帽子"都是他们的事,与他无关。

…………

孩子,你跟爸爸相似的地方太多了,连日常生活也如此相似,老关在家里练琴,听唱片,未免太单调。要你出去走走,看看博物馆,无非是调剂生活,丰富你的精神生活。你的主观、固执,看来与爸爸不相上下,这个我是绝对同情弥拉的,我决不愿意身受折磨会在下一代的儿女身上重现——你是自幼跟我在一起,生活细节也看得多,你是最爱妈妈的,也应该是最理解妈妈的。我对你爸爸性情脾气的委曲求全,逆来顺受,都是有原则的,因为我太了解他,他一贯的秉性乖戾,疾恶如仇,是有根源的——当时你祖父受土豪劣绅的欺侮压迫,二十四岁上就郁闷而死,寡母孤儿(你祖母和你爸爸)悲惨凄凉的生活,修道院式的童年,真是不堪回首。到成年后,孤军奋斗,爱真理,恨一切不合理的旧传统和杀人不见血的旧礼教,为人正直不苟,对事业忠心耿耿,我爱他,我原谅他。为了家庭的幸福,儿女的幸福,以及他孜孜不倦的事业的成就,放弃小我,顾全大局。爸爸常常抱恨自己把许多坏脾气影响了你,所以我们要你及早注意,克制自己,把我们家上代悲剧的烙印从此结束,而这个结束就要从你开始,才能不再遗留到后代身上去。现在弥拉还年轻,有幻想,有热情,多少应该满足她活跃的青春的梦,偶尔看看电影,上博物馆,陶醉在过去的历史的成果中,欣赏体会;周末去郊外或公园散步闲游，吸收自然界的美，要过这种有计划有调节的生活，人生才有意思。我们是年老了，可是心里未尝不向往这种生活呢！目前你赶巡回演出的节目，一切都谈不上，可是让你心中有数，碰到有时间有机会的时候，千万争取利用，不可随便放弃。好孩子，你是爱父母的，那么千言万语，无非要你们更美满更幸福，总要接受父母的劝告，让我们也跟着你们快活，何乐而不为呢。

十月五日深夜

亲爱的孩子：

等了好久，昨晚才收到弥拉的信。没料到航空寄的画竟和信一样快。我挑选的作品你们俩都喜爱，可见我与你们的眼光与口味完全一致，也叫我非常高兴。弥拉没提到周文中的评论材料，也没说起四包乐谱是否收到，令人悬悬。下次来信务必交代清楚！说起周文中，据陈伯伯（又新）说，原是上海音乐馆——上海音专（陈又新和丁善德合办的学校）的前身——学生，跟陈伯伯学过多年小提琴，大约与张国灵同时，胜利后出国。陈伯伯解放初年留英期间，周还与他通信。据说小提琴拉得不差呢。

八、九两月你统共只有三次演出，但似乎你一次也没去郊外或博物馆。我知道你因技术与表达都有大改变，需要持续加工和巩固，访美的节目也得加紧准备，可是两个月内毫不松散也不是办法。两年来我不知说了多少次，劝你到森林和博物馆走走，你始终不能接受。孩子，我多担心你身心的健康和平衡，一切都得未雨绸缪，切勿到后来悔之无及。单说技巧吧，有时硬是别扭，倘若丢开一个下午，往大自然中跑跑，或许下一天就能顺利解决。人的心理活动总需要一个酝酿的时期，不成熟时硬要克服难关，只能弄得心烦意躁，浪费精力。音乐理解亦然如此。我始终觉得你犯一个毛病，太偏重以音乐本身去领会音乐。你的思想与信念并不如此狭窄，很会海阔天空的用想象力；但与音乐以外的别的艺术，尤其大自然，实际上接触太少。整天看谱、练琴、听唱片……久而久之会减少艺术的新鲜气息，趋于抽象、闭塞，缺少生命的活跃与搏击飞纵的气势。我常常为你预感到这样一个危机，不能不舌敝唇焦，及早提醒，要你及早防止。你的专业与我的大不同。我是不需要多大创新的，我也不是有创新才具的人：长年关在家里不致在业务上有什么坏影响。你的艺术需要时时刻刻的创造，便是领会原作的精神也得从多方面（音乐以外的感受）去探讨：正因为过去的大师就是从大自然，从人生各方面的材料中"泡"出来的，把一切现实升华为 emotion〔感情〕与 sentiment〔情操〕，所以表达他们的作品也得走同样的路。这些理论你未始不知道，但似乎并未深信到身体力行的程度。另外我很奇怪：你年纪还轻，应该比我爱活动；你也强烈地爱好自然，怎么实际生活中反而不想去亲近自然呢？我记得很清楚，我二十二三岁在巴黎、瑞士、意大利以及法国乡间，常常在月光星光之下，独自在林中水边踏着绿茵，呼吸浓烈的草香与泥土味、溪水味，或是借此舒散苦闷，或是沉思默想。便是三十多岁在上海，一逛公园就觉得心平气和，精神健康多了。太多与刺激感官的东西（音乐便是刺激感官最强烈的）接触，会不知不觉失去身心平衡。你既憧憬希腊精神，为何不学学古希腊人的榜样呢？你既热爱陶潜、李白，为什么不试试去体会"采菊东篱下，悠然见南山"的境界（实地体会）呢？你既从小熟读克利斯朵夫，总不致忘了克利斯朵夫与大自然的关系吧？还有造型艺术，别以家中挂的一些为满足，干吗不上大英博物馆去流连一下呢？大概你会回答我说没有时间，做了这样就得放弃那样。可是暑假中比较空闲，难道去一两次郊外与美术馆也抽不出时间吗？只要你有兴致，便是不在假中，也可能特意上美术馆，在心爱的一两幅画前面待上一刻钟半小时。不必多，每次只消集中一两幅，来回统共也花不了一个半小时，无形中积累起来的收获可是不小呢！你说我信中的话，你"没有一句是过耳不入"的，好吧，那么在这方面希望你思想上慢慢酝酿，考虑我的建议，有机会随时试一试，怎么样？行不行呢？我一生为你的苦心，你近年来都体会到了。可是我未老先衰，常有为日无多之感，总想尽我仅有的一些力量，在我眼光所能见到的范围以内帮助你，指导你，特别是早早指出你身心与艺术方面可能发生的危机，使你能预先避免。"语重心长"这四个字形容我对你的态度是再贴切没有了。只要你真正爱你的爸爸，爱你自己，爱你的艺术，一定会郑重考虑我的劝告，接受我数十年如一日的这股赤诚的心意！

你也很明白，钢琴上要求放松先要精神上放松，过度的室内生活与书斋生活恰恰是造成现代知识分子神经紧张与病态的主要原因；而萧然意远、旷达恬静、不滞于物、不凝于心的境界只有从自然界中获得，你总不能否认吧？

还有很重要的一点：弥拉比你小五岁，应该是喜欢活动的年纪。你要是闭户家居，岂不连带她感到岑寂枯索？而看她的气质，倒也很爱艺术与大自然，那就更应该同去欣赏，对彼此都有好处。只有不断与森林、小溪、花木、鸟兽、虫鱼和美术馆中的杰作亲炙的人，才会永远保持童心、纯洁与美好的理想。培养一个人，空有志愿有什么用？主要从行动着手！无论多么优秀的种子，没有适当的环境、水土、养分，也难以开花结果，说不定还会中途变质或夭折。弥拉的妈妈诺拉本性何尝不好、不纯洁，就是与伊虚提之间缺少一个共同的信仰与热爱，缺少共同的 devotion〔努力目标〕，才会如此下场。即使有了共同的理想与努力的目标，仍然需要年纪较长的伙伴给她熨帖的指点，带上健全的路，帮助她发展，给她可能发展的环境和条件。你切不可只顾着你的艺术，也得分神顾到你一生的伴侣。二十世纪登台演出的人更非上一世纪的演奏家可比，他要紧张得多，工作繁重得多，生活忙乱得多，更有赖于一个贤内助。所以分些精神顾到弥拉（修养、休息、文娱活动……），实际上仍是为了你的艺术，虽然是间接的，影响与后果之大却非你意想所及。你首先不能不以你爸爸的缺点——脾气暴躁为深戒，其次不能期待弥拉也像你妈妈一样和顺。在西方女子中，我与你妈妈都深切感到弥拉已是很好的好脾气了，你该知足，该约制自己。天下父母的心总希望子女活得比自己更幸福；只要我一旦离开世界的时候，对你们俩的结合能有确切不移的信心，也是我一生极大的酬报了！

十一月至明春二月是你去英后最忙的时期，也是出入重大的关头；旅途辛苦，演出劳累，难免神经脆弱，希望以最大的忍耐控制一切，处处为了此行的使命与祖国荣辱攸关着想。但愿你明年三月能够以演出与性情脾气双重的成功报告我们，那我们真要快乐到心花怒放了！放松，放松！精神上彻底的轻松愉快，无挂无碍，将是你此次双重胜利的秘诀！

另一问题始终说服不了你，但为你的长久利益与未来的幸福不得不再和你唠叨。你历来厌恶物质，避而不谈；殊不知避而不谈并不解决问题，要不受物质之累，只有克服物质、控制物质，把收支情况让我们知道一个大概，帮你出主意妥善安排。唯有妥善安排才能不受物质奴役。凡不长于理财的人少有不吃银钱之苦的。我和你妈妈在这方面自问还有相当经验可给你做参考。你怕烦，不妨要弥拉在信中告诉我们。她年少不更事，只要你从旁怂恿一下，她未始不愿向我们学学理财的方法。你们早晚要有儿女，如不及早准备，临时又得你增加演出来弥补，对你的艺术却无裨益。其次要弥拉进修、多用些书本功夫，也该给她时间；目前只有一个每周来两次的maid〔女佣人〕，可见弥拉平日处理家务还很忙。最好先逐步争取，经济上能雇一个每日来帮半天的女佣。每年暑假至少要出门完全休息两星期。这种种都得在家庭收支上调度得法，订好计划，方能于半年或一年之后实现。当然主要在于实际执行而不仅仅是一纸空文的预算和计划。唱片购买也以随时克制为宜，勿见新即买。我一向主张多读谱，少听唱片，对一个像你这样的艺术家帮助更大。读谱好比弹琴用urtext〔原始文本〕，听唱片近乎用某人某人edit〔编〕的谱。何况我知道你十年二十年后不一定永远当演奏家；假定还可能向别方面发展，长时期读谱也是极好的准备。我一心一意为你打算，不论为目前或将来，尤其为将来。你忙，没空闲来静静的分析、考虑；倘我能代你筹划筹划，使我身后你还能得到我一些好处——及时播种的好处，那我真是太高兴了。

在父母的两封信中，都反复提醒儿子：要多亲近大自然，从大自然中汲取更多的艺术创作灵感；学会调节工作与生活的关系，学会调节艺术与物质的关系。艺术家也是生活在社会中的人，因而逃避物质是不现实的，也是无益的。

一九六二年

三月一日

亲爱的孩子：

弥拉的信比你从加拿大发的早到四天。我们听到喜讯，都说不出的快乐，妈妈更是坐也不是，立也不是，兴奋几日。她母性强，抱孙心切，已经盼望很久了，常说：怎么聪还没有孩子呢？每次长时期不接弥拉来信，总疑心她有了喜不舒服。我却是担心加重你的负担，也怕你们俩不得自由：总之，同样的爱儿女，不过看问题的角度不同而已。有责任感的人遇到这等大事都不免一则以喜，一则以忧。可是结婚的时候早知道有这么一天，也不必临时慌张。回想三十年前你初出世的一刹那，在医院的妇产科外听见你妈妈呻吟，有一种说不出的"肃然"的感觉，仿佛从那时起才真正体会到做母亲的艰苦与伟大，同时感到自己在人生中又迈了一大步。一个人的成长往往是不自觉的，但你母亲生你的时节，我对自己的长成却是清清楚楚意识到的，至今忘不了。相信你和弥拉到时也都会有类似的经验。

有了孩子，父母双方为了爱孩子，难免不生出许多零星琐碎的争执，应当事先彼此谈谈，让你们俩都有个思想准备：既不要在小地方固执，也不必为了难免的小争执而闹脾气。还有母性特强的妻子，往往会引起丈夫的妒忌，似乎——有孩子，自己在妻子心中的地位缩小了很多——这一点不能不先提醒你。因为大多数的西方女子，母性比东方女子表现得更强——我说"表现"，因为东方人的母爱，正如别的感情一样，不像西方女子那么显著的形诸于外。但过分的形诸于外，就容易惹动丈夫的妒意。

在经济方面，与其为了孩子将临而忧虑，不如切实想办法，好好安排一下。衣、食、住、行的固定开支，每月要多少，零用要多少，以量入为出的原则全面做一个计划，然后严格执行。大多数人的经验，总是零用不易掌握，最需要克制功夫。遇到每一笔非生活必需开支，都得冷静地想一想，是否确实必不可少。我平时看到书画、文物、小玩意（连价钱稍昂的图书在内），从不敢当场就买，总是左思右想，横考虑竖考虑，还要和妈妈商量再决定；很多就此打消了。凡是小玩意儿一类，过了十天八天，欲望自然会淡下来的。即使与你研究学问有关的东西，也得考虑一下是否必需，例如唱片，少买几张也未必妨碍你艺术上的进步。只有每一次掏出钱去的时候，都经过一番客观的思索，才能贯彻预算，做到收支平衡而还能有些小小的储蓄。我们在最困难的时候，曾经把每月的每一笔开支，分别装在信封内，写明"伙食""水电""图书"等；一个信封内的钱用完了，决不挪用别的信封内的钱，更不提前用下个月的钱。现在查看账目，便是那几年花费最少。我们此刻还经常检查账目，看上个月哪几样用途是可用可不用的，使我们在本月和以后的几个月内注意节约。我不是要你如法炮制，而是举实例给你看，我们是用什么方法控制开销的。

"理财"，若作为"生财"解，固是一件难事，作为"不亏空而略有储蓄"解，却也容易做到。只要有意志，有决心，不跟自己妥协，有狠心压制自己的fancy〔欲望〕！老话说得好：开源不如节流。我们的欲望无穷，所谓"欲壑难填"，若一手来一手去，有多少用多少，即使日进斗金也不会觉得宽裕的。既然要保持清白，保持人格独立，又要养家活口，防旦夕祸福，更只有自己紧缩，将"出口"的关口牢牢把住。"入口"操在人家手中，你不能也不愿奴颜婢膝的乞求；"出口"却完全操诸我手，由我做主。你该记得中国古代的所谓清流，有傲骨的人，都是自甘淡泊的清贫之士。清贫二字为何连在一起，值得我们深思。我的理解是，清则贫，亦唯贫而后能清！我不是要你"贫"，仅仅是约制自己的欲望，做到量入为出，不能说要求太高吧！这些道理你全明白，无须我啰唆，问题是在于实践。你在艺术上想得到，做得到，所以成功；倘在人生大小事务上也能说能行，只要及到你艺术方面的一半，你的生活烦虑也就十分中去了八分。古往今来，艺术家多半不会生活，这不是他们的光荣，而是他们的失败。失败的原因并非真的对现实生活太笨拙，而是不去注意，不下决心。因为我所谓"会生活"不是指发财、剥削人或是啬刻，做守财奴，而是指生活有条理，收支相抵而略有剩余。要做到这两点，只消把对付艺术的注意力和决心拿出一小部分来应用一下就绰乎有余了！

我们朋友中颇有收入很少而生活并不太坏的，对外也不显得鄙吝或寒酸。你周围想必也有这种人，你观察观察学学他们，岂不是好？而且他们除了处处多讲理性，善于克制以外，也并无别的诀窍。

　　……像我们这种人，从来不以恋爱为至上，不以家庭为至上，而是把艺术、学问放在第一位，作为人生目标的人，对物质方面的烦恼还是容易摆脱的，可是为了免得后顾之忧，更好地从事艺术与学问，也不能不好好地安排物质生活；光是瞧不起金钱，一切取消极态度，早晚要影响你的人生最高目标——艺术的！希望克日下决心，在这方面采取行动！一切保重！

　　"战战兢兢"勿写做"竞竞""非同小可"勿写做"岂同小可"。

　　这封信主要谈论了理财、持家，其中关于勤俭持家、理性消费的观点，即使放在现在，也十分有借鉴意义。

一九六三年

七月二十二日

亲爱的孩子：

五十多天不写信了。千言万语，无从下笔；老不写信又心神不安；真是矛盾百出。我和妈妈常常梦见你们，声音笑貌都逼真。梦后总想写信，也写过好几次没写成。我知道你的心情也波动得很。有理想就有苦闷，不随波逐流就到处龃龉。可是能想到易地则皆然，或许会平静一些。生年不满百，常怀千岁忧：此二语可为你我写照。两个多月没有你们消息，但愿身心健康，勿过紧张。你俩体格都不很强壮，平时总要善自保养。劳逸调剂得好，才是久长之计。我们别的不担心，只怕你工作过度，连带弥拉也吃不消。任何耽溺都有流弊，为了耽溺艺术而牺牲人生也不是明智的！

六月下旬起我的许多老毛病次第平复，目前仅过敏性鼻炎纠缠不休。关节炎根本是治不好的，气候一变或劳顿过度即会复发。也只能过一天算一天，只要发作时不太剧烈以妨碍工作，就是上上大吉。

九月一日

亲爱的孩子：

很高兴知道你终于彻底休息了一下。瑞士确是避暑最好的地方。三十四年前我在日内瓦的西端，一个小小的法国村子里住过三个月，天天看到白峰（Mont Blanc）上的皑皑积雪，使人在盛暑也感到一股凉意。可惜没有去过瑞士北部的几口湖，听说比日内瓦湖更美更幽。你从南非来的信上本说要去希腊，那儿天气太热，不该在夏季去。你们改变游程倒是聪明的。威尼斯去了没有？其实意大利北部几口湖也风景秀丽，值得小住几天。相信这次旅行定能使你感觉新鲜，精神上洗个痛快的澡。弥拉想来特别快乐。她到底身体怎样？在 Zurich〔苏黎世〕疗养院检查结果又怎么样？除了此次的明信片以外，她从五月十日起没有来过信，不知中间有没有遗失？我写到 Gstaad〔瑞士一地名〕的信，你们收到没有？下次写信来，最好提一笔我信上的编号，别笼笼统统只说"来信都收到"。最好也提一笔你们上一封信的日期，否则丢了信也不知道。七月下旬勃隆斯丹夫人有信来，报告你们二月中会面的情形，简直是排日描写，不仅详细，而且事隔五月，字里行间的感情还是那么强烈，看了真感动。世界上这样真诚，感情这样深的人是不多的！

巴尔扎克的长篇小说《幻灭》（Lost Illusions）三部曲，从一九六一年起动手，最近才译完初稿。第一二部已改过，第三部还要改，便是第一二部也得再修饰一遍，预计改完誊清总在明年四五月间。总共五十万字，前前后后要花到我三年半时间。文学研究所有意把《高老头》收入"文学名著丛书"，要重排一遍，所以这几天我又在从头至尾修改，也得花一二十天。翻译工作要做得好，必须一改再改三改四改。《高老头》还是在抗战期译的，一九五二年已重译过，这次是第三次大修改了。此外也得写一篇序。第二次战后，法国学术界对巴尔扎克的研究大有发展，那种热情和渊博（erudition）令人钦佩不置。

敏在家住了一月，又已回京。他教书颇有兴趣，也很热心负责，拼命在课外找补充材料。校长很重视他，学生也喜欢他，虽然辛苦些，只要能踏踏实实为人民做点工作，总是值得的。能遇到一个识好歹的领导也是大大的幸运。

一九六四年

四月二十四日

　　……孤独的感觉，彼此差不多，只是程度不同，次数多少有异而已。我们并未离乡背井，生活也稳定，比绝大多数人都过得好；无奈人总是思想太多，不免常受空虚感的侵袭。唯一的安慰是骨肉之间推心置腹，所以不论你来信多么稀少，我总尽量多给你写信，但愿能消解一些你的苦闷与寂寞。只是心愿是一件事，写信的心情是另一件事：往往极想提笔而精神不平静，提不起笔来；或是勉强写了，写得十分枯燥，好像说话的声音口吻僵得很，自己听了也不痛快。

　　一方面狂热、执着，一方面洒脱、旷达、怀疑，甚至于消极：这个性格大概是我遗传给你的。妈妈没有这种矛盾，她从来不这么极端。弥拉常说你跟我真像，可见你在她面前提到我的次数不可胜计，所以她虽未见过我一面，也像多年相识一样。

　　你们夫妇关系，我们从来不真正担心过。你的精神波动，我们知之有素，千句并一句，只要基本信心不动摇，任何小争执大争执都会跟着时间淡忘的。我三月二日（No. 59）信中的结论就是这话。人生的每个阶段都是一边学一边过的，从来没有一个人具备了所有的（理论上的）条件才结婚，才生儿育女的。你为了孩子而惶惶然，表示你对人生态度严肃，却也不必想得太多。一点不想是不负责任，当然不好；想得过分也徒然自苦，问题是彻底考虑一番，下决心把每个阶段的事情做好，想好办法实行就是了。

　　人不知而不愠是人生最高修养，自非一时所能达到。对批评家的话我过去并非不加保留，只是增加了我的警惕。即是人言籍籍，自当格外反躬自省，多征求真正内行而善意的师友的意见。你的自我批评精神，我完全信得过；可是艺术家有时会钻牛角尖而自以为走的是独创而正确的路。要避免这一点，需要经常保持冷静和客观的态度。所谓艺术上的 illusion〔幻觉〕，有时会蒙蔽一个人到几年之久的。至于批评界的黑幕，我近三年译巴尔扎克的《幻灭》，得到不少知识。一世纪前尚且如此，何况今日！二月号《音乐与音乐家》杂志上有一篇 Karajan〔卡拉扬〕的访问记，说他对于批评只认为是某先生的意见，如此而已。他对所钦佩的学者，则自会倾听，或者竟自动去请教。这个态度大致与你相仿。

…………

　　认真的人很少会满意自己的成绩，我的主要苦闷即在于此。所不同的，你是天天在变，能变出新体会、新境界、新表演，我则是眼光不断提高而能力始终停滞在老地方。每次听你的唱片总心上想：不知他现在弹这个曲子又是怎么一个样子了。

　　旧金山评论中说你的肖邦太 extrovert〔外在，外向〕，李先生说奇怪，你的演奏正是 introvert〔内在，内向〕一路，怎么批评家会如此说。我说大概他们听惯老一派的 Chopin〔肖邦〕，软绵绵的，听到不 sentimental〔伤感〕的 Chopin〔肖邦〕就以为不够内在了，你觉得我猜得对不对？

　　从这封信中可以看出，父子二人各有各的苦闷。父亲的苦闷在于不满意自己的工作成绩，儿子的苦闷在于恶意的批评。尽管如此，父亲还是耐心劝导儿子，坚持真我，继续前行。

十月三十一日

亲爱的孩子：

　　几次三番动笔写你的信都没有写成，而几个月的保持沉默也使我魂不守舍，坐立不安。我们从八月到今的心境简直无法形容。你的处境，你的为难（我猜想你采取行动之前，并没和国际公法或私法的专家商量过。其实那是必要的），你的迫不得已的苦衷，我们都深深地体会到，怎么能责怪你呢？可是再彻底的谅解也减除不了我们沉重的心情。民族自尊心受了伤害，非短时期内所能平复；因为这不是一个"小我"的、个人的荣辱得失问题。便是万事随和处处乐观的你的妈妈，也耿耿于怀，伤感不能自已。不经过这次考验，我也不知道自己在这方面的感觉有这样强。一九五九年你最初两信中说的话，以及你对记者发表的话，自然而然的，不断地回到我们脑子里来，你想，这是多大的刺激！我们知道一切官方的文件只是一种形式，任何法律手续约束不了一个人的心——在这一点上我们始终相信你；我们也知道，文件可以单方面的取消，只是这样的一天遥远得望不见罢了。何况理性是理性，感情是感情，理性悟透的事情，不一定能叫感情接受。不知你是否理解我们几个月沉默的原因，能否想象我们这一回痛苦的深度？不论工作的时候或是休息的时候，精神上老罩着一道阴影，心坎里老压着一块石头，左一个譬解，右一个譬解，总是丢不下，放不开。我们比什么时候都更想念你，可是我和妈妈都不敢谈到你：大家都怕碰到双方的伤口，从而加剧自己的伤口。我还暗暗的提心吊胆，深怕国外的报纸、评论，以及今后的唱片说明提到你这件事。……孩子出生的电报来了，我们的心情更复杂了。这样一件喜事发生在这么一个时期，我们的感觉竟说不出是什么滋味，百感交集，乱糟糟的一团，叫我们说什么好呢？怎么表示呢？所有这一切，你岳父都不能理解。他有他的民族性，他有他民族的悲剧式的命运（这个命运，他们两千年来已经习为故常，不以为悲剧了），看法当然和我们不一样。然而我绝不承认我们的看法是民族自大、是顽固，他的一套是开明、是正确。他把国籍看作一个侨民对东道国应有的感激的表示，这是我绝对不同意的！至于说弥拉万一来到中国，也必须入中国籍，所以你的行动可以说是有往有来等，那完全是他毫不了解中国国情所作的猜测。我们的国家从来没有一条法律，要外国人入了中国籍才能久居！接到你岳父那样的信以后，我并不作复，为的是不愿和他争辩，可是我和他的意见分歧点应当让你知道。

凌霄出生的那天，中国旧历正是七月初七，叫作七巧，是神话中牛郎织女一年一度相会的一天，因为天上有两颗星，一叫牛郎，一叫织女（constellation of the Herd-boy and the star Vega），一年只有七月七日才同时在天空出现。你不妨跟弥拉谈谈，能知道牛郎织女的故事更有意思！我给凌霄打的毛线是否可穿？恐怕太小了，看孩子的样子很老练。我不时要看看孩子的照片，你们真不知我心里多快乐！孩子的照片，不论好坏，一有马上寄来，让我们在寂寞的生活中多添一些温暖！

妈妈附笔

一九六五年

一月二十八日

亲爱的孩子：

将近六个月没有你的消息，我甚至要怀疑十月三十一日发的信你是否收到。上月二十日左右，几乎想打电报：如今跟以往更是不同，除了你们两人以外，又多了一个娃娃增加我们的忧虑。大人怎么样呢？孩子怎么样呢？是不是有谁闹病了？……毕竟你妈妈会体贴，说你长期的沉默恐怕不仅为了忙，主要还是心绪。对啦，她一定猜准了。你生活方面、思想方面的烦恼，虽然我们不知道具体内容，总还想象得出一个大概。总而言之，以你的气质，任何环境都不会使你快乐的。你自己也知道。既然如此，还不如对人生多放弃一些理想；理想只能在你的艺术领域中去追求，那当然也永远追求不到，至少能逐渐接近，并且学术方面的苦闷也不致损害我们的心理健康。即使在排遣不开的时候，也希望你的心绪不要太影响家庭生活。归根到底，你现在不是单身汉，而是负着三口之家的责任。用老话来说，你和弥拉要相依为命。外面的不如意事固然无法避免，家庭的小风波总还可以由自己掌握。客观的困难已经够多了，何必再加上主观的困难呢？当然这需要双方共同的努力，但自己总该竭尽所能的做去。处处克制些，冷静些，多些宽恕，少些苛求，多想自己的缺点，多想别人的长处。生活——尤其夫妇生活——之难，在于同弹琴一样，要时时刻刻警惕，才能不出乱子，或少出乱子。总要存着风雨同舟的思想，求一个和睦相处相忍相让的局面，挨过人生这个艰难困苦的关。这是我们做父母的愿望。能同艺术家做伴而日子过得和平顺适的女子，古往今来都寥寥无几。千句并一句，尽量缩小一个我字，也许是解除烦闷、减少纠纷的唯一的秘诀。久久得不到你们俩的信，我们总要担心你们俩的感情，当然也担心你们俩的健康，但对你们的感情更关切，因为你们找不到一个医生来治这种病，而且这是骨肉之间出于本能的忧虑。就算你把恶劣的心情瞒着也没用。我们不但同样焦急，还因为不知底细而胡乱猜测，急这个，急那个，弄得寝食不安。假如以上劝告你认为毫无根据，那更证明长期的沉默，会引起我们焦急到什么程度。你也不能忘记，你爸爸所以在这些事情上经常和你唠叨，因为他是过来人，不愿意上一代犯的错误在下一代身上重演。我和你说这一类的话永远抱着自责的沉痛的心情的！

…………

　　说到我断断续续的小毛病，不必絮烦，只要不躺在床上打断工作，就很高兴了。睡眠老是很坏，脑子停不下来，说不上是神经衰弱还是什么。幸而妈妈身体健旺，样样都能照顾。我脑子一年不如一年，不用说每天七八百字的译文苦不堪言，要换二三道稿子，便是给你写信也非常吃力。只怕身体再坏下去，变为真正的老弱残兵。眼前还是能整天整年——除了闹病——的干，除了翻书，同时也做些研究工作，多亏巴黎不断有材料寄来。最苦的是我不会休息，睡时脑子停不下来，醒时更停不住了。失眠的主要的原因大概就在于此。

一月二十九日 *

亲爱的聪：

提起笔来真不知千言万语何从说起！你这样长时期的不给我们信，真不知我们思念你的痛苦，爸爸晚上的辗转不能入睡，大一半也在你身上，我们因为想你想得厉害，反怕提到你，可是我们的内心一样焦虑。我常常半夜惊醒，百感交集。忧心如焚这四个字，就可以说明父母思念儿子的心情。你现在有了孩子，应该体会得到。这半年来幸而弥拉有信来，还有凌霄可爱的照片，给了我们不少安慰，我真是万分地感谢她。你的行动多少还知道一鳞半爪，弥拉还很有趣地描写孩子的喜怒，我们真是从心底里欢喜。孩子越长越漂亮，朋友们看了，都说鼻子面型像你，额角眼睛有些像他母亲，如今快六个月了，恐怕又变了样，望多拍些照，经常寄来，让我们枯寂的生活中，多一些光彩，多一些温暖。

这两封信中，将父母对儿子的惦念和牵挂表现得淋漓尽致。父亲为解决儿子的困扰呕心沥血，母亲为儿子的境况忧心如焚，爱子之切，令人感慨。

十一月二十二日

亲爱的孩子：

　　从九月底起我眼睛昏花不能工作也不能看书，枯坐闲荡至今快两个月了，苦闷不堪。医生查不出确实原因，只说目力用得过度，要长期休息，可是工作无限期的耽搁下去，又不比大学教授，病假也可支领薪水，真令人焦急。

　　十一月十二日来信说起在美旅行的心情，我完全理解，换了我，恐怕比你更受不住。二十世纪高度物质文明的生活和极度贫乏的精神生活的对照，的确是个大悲剧，同时令人啼笑皆非。我知道你要不是为了谋生，决不愿常去那种地方受罪。

十一月二十六日 *

亲爱的聪：

　　前几天爸爸才有过信给你，本来不需要我马上动笔，可是有些心事已经考虑了几个月，但等你回伦敦商量。今年六月底爸爸工作时头脑发热，空洞好似一张白纸，觉得再硬撑下去有危险了，自动停止。八月初恢复工作，到九月底忽然眼睛发花，每分钟都有云雾在眼前飘动，不得不又放下工作。你知道爸爸是闲不住的人，要他不做事并且不能看书，真是难上又难，此次自动停止，我深深体会到问题严重。经过眼科医生检查，眼睛本身除了水晶体浑浊，无其他毛病，还是脑力视力用得太多，疲劳过度所致，但无什么特效药可治，只有彻底休息，不用目力，长期休养。现在一面休息，一面服中药，着重肝肾两补，把整个身体的健康恢复起来，据说慢慢可能复原的。爸爸近年来体弱多病，像机器一样，各部分生锈不灵活，需要大大整修。可是爸爸为了将来生计，前途茫茫，不免焦急。专业作家不像大学教授，有固定薪金，体弱或年迈时可享受退职退休待遇，他只能活一天做一天，为此不容易安心养病。回想今年五月初与你通话时，你再三问我要不要多汇些钱，我再三说不用，你已经为我们花费了不少，同时满以为爸爸这副老骨头还能工作，生活不成问题。谁料事隔数月，忽然大有变化，真叫人生什么事都不能单凭主观愿望。除了健康衰退，生产又少又慢之外，稿酬办法又有改变，版税只在初版时拿一次，再版稿酬全部取消，总的说来，不及过去的三分之一。爸爸以前每年可译二十万字，最近一年来只有十万字光景，要依靠稿费过活，的确很难。即使眼睛不出毛病，即使稿费维持老标准，因为体力脑力衰退而减产，收入也大受影响。何况现在各方面都有了问题。我们一九五八年以来的生活，都是靠当时在平明出版的书归入人民文学出版社时多得了一笔稿费，陆续贴补的。目前积存无几，更使我忧虑。故上月底爸爸排开重重顾虑，向中央做了汇报。本月下旬接"人文"来信，说经各方领导商榷后，今后决定由"人文"按月津贴固定生活费一百二十元。领导对爸爸如此关怀照顾，不用说我们都十分感激。不过事实上我们的房租五十五元，加上水电、电话、煤气等工资已经要花到九十余元，吃用还不在内，如今又加上一笔长期的医药费。当然我们不愿意把这副重担加在你身上，你终年在外奔波，成家立业全靠千辛万苦的劳动得来，有了孩子，开支更大。怎么忍心再要你为父母多开几次音乐会呢？再说，暂时我们还不到山穷水尽的地步，手头的积存尚可逐月贴补。但若你能分去一部分，我们自己贴补的钱就好多拖一个时期。但我们对你的经济情况不了解，决不能，也不愿意，给你定什么具体的数目。希望你冷静地思考一下，不要单从感情出发，按照你的实际能力，每月酌汇多少（我看至多也不要超过"人文"的数字）。若有困难，再少些也行。只要我们少量的积存可以支持得更久一些，而且也可以作为应付万一的准备金，我们也就放心了！人老了，总不能不想到意外之事。孩子，你深知你父母的为人，不到万不得已决不肯在这方面开口的。这种矛盾的心理，想必你很理解。同时我们自己也想法节省用途，不过省了这样又多了那样（例如最近药费忽然增加），实在解决不了多少问题。

几个月来我们对培养月季有了兴趣，护理栽培，既能消磨时间，又解除了爸爸不工作的苦闷，人家又送了好多品种，于是浇水、施肥、杀虫、整枝，忙个不了，虽然他腰酸背痛，不能多做，到底有了寄托，闲得发慌的痛苦也好消除一部分。我也学会了扦插接芽等的技术，今秋开的花最大的有六英寸。劳动有了成果，心情也愉快了一些。

孩子有了新的照片，望源源不断寄来，能在其中挑一两张寄双份最好，马伯伯马伯母讨了不止一回了，凌霄快十六个月了，你回家时，孩子一定又学乖了许多，恐怕也会说些简单的话了，可惜你常常要出门，不能教他中国话。此次英国遭遇严寒袭击，凌霄可曾受冻？虽然不能目睹他长大，但能看到从小到大的照片，对我们来说也一样亲近，一样快乐。

这封家书，想必儿子读时定会潸然泪下。辛勤工作一生的父母，老来却疾病缠身，晚景凄凉。尽管如此，仍然辛苦奔波，不愿连累儿子，令人动容和感慨。

一九六六年

一月四日

聪，亲爱的孩子：

　　为了急于要你知道收到你们俩来信的快乐，也为了要你去瑞典以前看到此信，故赶紧写此短札。昨天中午一连接到你、弥拉和你岳母的信，还有一包照片，好像你们特意约齐有心给我们大大快慰一下似的，更难得的是同一邮班送上门！你的信使我们非常感动，我们有你这样的儿子也不算白活一世，更不算过去的播种白费气力。我们的话，原来你并没当作耳边风，而是在适当的时间都能一一记起，跟你眼前的经验和感想作参证。凌霄一天天长大，你从他身上得到的教育只会一天天加多；人便是这样：活到老，学到老，学到老，学不了！可是你我都不会接下去想：学不了，不学了！相反，我们都是天生的求知欲强于一切。即如种月季，我也决不甘心以玩好为限，而是当作一门科学来研究；养病期间就做这方面的考据。

　　提到莫扎特，不禁想起你在李阿姨（蕙芳）处学到最后阶段时弹的 Romance〔《浪漫曲》〕和 Fantasy〔《幻想曲》〕，谱子是我抄的，用中国式装裱；后来弹给百器听（第一次去见他），他说这是 Artist〔音乐家〕弹的，不是小学生弹的。这些事，这些话，在我还恍如昨日，大概你也记得很清楚，是不是？

　　关于柏辽兹和李斯特，很有感想，只是今天眼睛脑子都已不大行，不写了。我每次听柏辽兹，总感到他比德彪西更男性、更雄强、更健康，应当是创作我们中国音乐的好范本。据罗曼·罗兰的看法，法国史上真正的天才（罗曼·罗兰在此对天才另有一个定义，大约是指天生的像潮水般涌出来的才能，而非后天刻苦用功来的）作曲家只有比才和他两个人。

　　…………

　　你们俩描写凌霄的行动笑貌，好玩极了。你小时也很少哭，一哭即停，嘴唇抖动未已，已经抑制下来：大概凌霄就像你。你说得对：天真纯洁的儿童反映父母的成分总是优点居多；教育主要在于留神他以后的发展，只要他有我们的缺点露出苗头来，就该想法防止。他躺在你琴底下的情景，真像小克利斯朵夫，你以前曾以克利斯朵夫自居，如今又出了一个小克利斯朵夫了，可是他比你幸运，因为有着一个更开明更慈爱的父亲！（你信上说他 completely transferred, dreaming〔完全转移了，像做梦似的入神〕，应该说 transported〔欣喜若狂〕；"transferred（转移）"一词只用于物，不用于人。我提醒你，免得平日说话时犯错误。）三月中你将在琴上指挥，我们听了和你一样 excited〔兴奋〕。望事前多做思想准备，万勿紧张！

二月十七日

聪：

要闲着一事不做，至少是不务正业，实在很不容易。尽管硬叫自己安心养病，耐性等待，可是总耐不住，定不下心。嘴里不说，精神上老觉得恍恍惚惚，心里虚忒忒的，好像虚度一日便对不起自己，对不起一切。生就的脾气如此难改，奈何奈何！目力在一月十七至二十七日间一度骤然下降，几乎每秒昏花；幸而不久又突然上升，回复到前数月的情形，暂时也还稳定，每次能看二十分钟左右书报。这两天因剧烈腹泻（近乎食物性中毒的大水泻），昏花又厉害起来，大概是一时现象……

今冬你们经常在严寒袭击之下，我们真担心你们一家的健康，孩子幼小，经得起这样的大冷吗？弥拉容易感冒，是否又闹了几次"流感"？前十日报上说英国盛传此病。加上你们电气煤气供应不足，想必狼狈得很了？

一月十五日以后的北欧演出，恐怕你都未去成？ St. Andrews〔圣·安德鲁〕的独奏会不是由 Lilli Kraus〔莉莉·克劳斯〕代了吗？但愿你身体还好，减少那几场音乐会也不至于对你收入影响太大！

九月是否去日本，已定局否？为期几日，共几场？倘过港，必须早早通知，我们守在家中等电话！

三月十五日后的法国演出，到底肯定了没有？务望详告！巴黎大学的 Monsieuz Etiemble〔埃蒂昂勃勒先生〕一定要送票！他待我太好了，多年来为我费了多少心思搜求书籍……

　　虽然父亲的身体每况愈下，但他依然时刻关注着儿子的工作和
生活，关心着儿子一家的身体健康。舐犊之情，令人感动。

先为人，次为艺术家

人一辈子都在高潮—低潮中浮沉，唯有庸碌的人，生活才如死水一般；或者要有极高的修养，方能廓然无累，真正的解脱。

　　　　　　　　　　　　　　　　　　　　　　　——傅雷

一九五四年

二月二日（除夕）

……昨晚七时一刻至八时五十分电台广播你在"市三"弹的四曲 Chopin〔肖邦（1810—1849），波兰作曲家〕，外加 encore〔原为法语，是喝彩用语，意为"再来一个"〕的一支 *Polonaise*〔《波洛奈兹》〕，效果甚好，就是低音部分模糊得很；琴声太扬，像我第一天晚上到小礼堂空屋子里去听的情形。以演奏而论，我觉得大体很好，一气呵成，精神饱满，细腻的地方非常细腻，tone colour〔音色〕变化的确很多。我们听了都很高兴，很感动。好孩子，我真该夸奖你几句才好。回想五一年四月刚从昆明回沪的时期，你真是从低洼中到了半山腰了。希望你从此注意整个的修养，将来一定能攀登峰顶。从你的录音中清清楚楚感觉到你一切都成熟多了，尤其是我盼望了多少年的——你的意志，终于抬头了。我真高兴，这一点我看得比什么都重。你能掌握整个的乐曲，就是对艺术加增深度，也就是你的艺术灵魂更坚强更广阔，也就是你整个的人格和心胸扩大了。孩子，我要重复 Bronstein〔勃隆斯丹〕信中的一句话，就是我为了你而感到骄傲！

今天是除夕了，想到你在远方用功、努力，我心里说不尽的欢喜。别了，孩子，我在心里拥抱你！

二月十日

……屋内要些图片，只能拣几张印刷品。北京风沙大，没有玻璃框子，好一些的东西不能挂；黄宾虹的作品，小幅的也有，尽可给你；只是不装框不行。好在你此次留京时期并不太长，马虎一下再说。Chopin〔肖邦〕肖像是我二十三岁时在巴黎买的，又是浪漫派大画家 Delacroix〔德拉克洛瓦（法国著名画家）〕名作的照相；Mozart〔莫扎特〕那幅是 Paci〔百器〕的遗物，也是好镌版，都不忍让它们到北京光秃秃的吃灰土，故均不给你。

读俄文别太快，太快了记不牢，将来又要从头来过，犯不上。一开始必须从容不迫，位与格均须要记忆，你应付考试般临时强记是没用的。现在读俄文只好求一个大概，勿野心太大；主要仍须加功夫在乐理方面，外文总是到国外去念进步更快。目前贪多务得，实际也不会如何得益，切记切记！望主动向老师说明，至少过二三月方可加快速度。Scriabine〔斯克里亚宾〕的全集待装订后寄你，Cortot〔柯尔托〕的 *Piano Technic*〔《钢琴技巧》〕亦然。我当尽力催他们快快装好。

上海这两天忽然奇暖，东南风加沙土，很像昆明的春天。阿敏和恩德一起跟我念诗，敏说你常常背"朝回日日典春衣，每日江头尽醉归"二句，现在他也背得了。我正在预备一样小小的礼物，将来给你带出国的，预料你一定很喜欢。再过一星期是你妈妈的生日，再过一个月是你生日，想到此不由得悲喜交集。

Hindmith〔亨德密特〕的乐理明日即寄出，窗帘、桌布、琴盖布，都将由妈妈准备齐全，日内即寄。

…………

这几日开始看服尔德的作品，他的故事性不强，全靠文章内若有若无的讽喻。我看了真是栗栗危惧，觉得没能力表达出来。那种风格最好要必姨、钱伯母那一套。我的文字太死板，太"实"，不够俏皮，不够轻灵。

这封家书不仅有家庭琐事，也有对儿子如何学习俄文提出的实用建议。在谈论文学作品与翻译时，傅雷对他人与对自己的清醒认识更为儿子树立了正确的榜样，也值得我们学习。

三月二十四日上午

亲爱的孩子：

这一回你隔了差不多二十天才有信来，因为我一直闹病，很担心你也病了。我从三月十二日起好好歹歹一连发烧发了三四次，而且每次热度都很高。上回热度退后有过一封信给你。不料二十二日下午又来了高热度，林伯伯听了肺，说是气管炎。幸而隔了一天半就退净，只是身体屡经打击，一时恢复不过来。

在公共团体中，赶任务而妨碍正常学习是免不了的，这一点我早料到。一切只有你自己用坚定的意志和立场，向领导婉转而有力的去争取。否则出国的准备又能做到多少呢？特别是乐理方面，我一直放心不下。从今以后，处处都要靠你个人的毅力、信念与意志——实践的意志。我不再和你说教条式的话，去年那三封长信把我所想的话都说尽了；你也已经长大成人，用不着我一再叮嘱。但若你缺少勇气的时候，尽管来信告诉我，我可以替你打气。倘若你心绪不好，也老老实实和我谈谈，我可以安慰安慰你，代你解决一些或大或小的烦恼。关于××的事，你早已跟我表明态度，相信你一定会实际做到。你年事尚少，出国在即；眼光、嗜好、趣味，都还要经过许多变化；即使一切条件都极美满，也不能担保你最近三四年中，双方的观点不会改变，从而也没法保证双方的感情不变。最好能让时间来考验。我二十岁出国，出国前后和你妈妈已经订婚，但出国四年中间，对她的看法三番四次的改变，动摇得很厉害。这个实在的例子很可以做你的参考，使你做事可以比我谨慎，少些痛苦——尤其为了你的学习，你的艺术前途！

另外一点我可以告诉你：就是我一生任何时期，闹恋爱最热烈的时候，也没有忘却对学问的忠诚。学问第一，艺术第一，真理第一，爱情第二，这是我至此为止没有变过的原则。你的情形与我不同：少年得志，更要想到"盛名之下，其实难副"，更要战战兢兢，不负国人对你的期望。你对政府的感激，只有用行动来表现才算是真正的感激！我想你心目中的上帝一定也是 Bach〔巴赫〕、Beethoven〔贝多芬〕、Chopin〔肖邦〕等第一，爱人第二。既然如此，你目前所能支配的精力与时间，只能贡献给你第一个偶像，还轮不到第二个神明。你说是不是？可惜你没有早学好写作的技术，否则过剩的感情就可用写作（乐曲）来发泄，一个艺术家必须能把自己的感情"升华"，才能于人有益。我绝不是看了来信，夸张你的苦闷，因而着急；但我知道你多少是有苦闷的，我随便和你谈谈，也许能帮助你廓清一些心情。

在儿子遇到问题和苦恼时，父亲并没有责备，也没有教条式的给出解决办法，而是耐心引导，循循善诱，鼓励儿子自己去解决问题。同时，对待年纪尚轻的儿子，父亲又结合自己的亲身经历，表明希望儿子在现阶段将学问、艺术、真理摆在首位，更快更好的成长起来。父亲的一片苦心令人感佩。

四月七日

聪儿：

记得我从十三岁到十五岁，念过三年法文；老师教的方法既有问题，我也念得很不用功，成绩很糟（十分之九已忘了）。从十六岁到二十岁在大同改念英文，也没念好，只是比法文成绩好一些。二十岁出国时，对法文的知识只会比你现在的俄文程度差。到了法国，半年之间，请私人教师与房东太太双管齐下补习法文，教师管读本与文法，房东太太管会话与发音，整天的改正，不用上课方式，而是随时在谈话中纠正。半年以后，我在法国的知识分子家庭中过生活，已经一切无问题。十个月以后开始能听几门不太难的功课。可见国外学语文，以随时随地应用的关系，比国内的进度不啻一与五六倍之比。这一点你在莫斯科遇到李德伦时也听他谈过。我特意跟你提，为的是要你别把俄文学习弄成"突击式"。一个半月之间念完文法，这是强记，决不能消化，而且过了一晌大半会忘了的。我认为目前主要是抓住俄文的要点，学得慢一些，但所学的必须牢记，这样才能基础扎实。贪多务得是没用的，反而影响钢琴业务，甚至使你身心困顿，一空下来即昏昏欲睡。这问题希望你自己细细想一想，想通了，就得下决心更改方法，与俄文老师细细商量。一切学问没有速成的，尤其是语言。倘若你目前停止上新课，把已学的从头温一遍，我敢断言，你会发觉有许多已经完全忘了。

你出国去所遭遇的最大困难，大概和我二十六年前的情形差不多，就是对所在国的语言程度太浅。过去我再三再四强调你在京赶学理论，便是为了这个缘故。倘若你对理论有了一个基本概念，那么日后在国外念的时候，不至于语言的困难加上乐理的困难，使你对乐理格外觉得难学。换句话说：理论上先略有门径之后，在国外念起来可以比较方便些。可是你自始至终没有和我提过在京学习理论的情形，连是否已开始亦未提过。我只知道你初到时因罗君患病而搁置，以后如何，虽经我屡次在信中问你，你也没复过一个字。——现在我再和你说一遍：我的意思最好把俄文学习的时间分出一部分，移做学习乐理之用。

提早出国，我很赞成。你以前觉得俄文程度太差，应多多准备后再走。其实像你这样学俄文，即使用最大的努力，再学一年也未必能说准备充分——除非你在北京不与中国人来往，而整天生活在俄国人堆里。

…………

自己责备自己而没有行动表现，我是最不赞成的。这是做人的基本作风，不仅对某人某事而已，我以前常和你说的，只有事实才能证明你的心意，只有行动才能表明你的心迹。待朋友不能如此马虎。生性并非"薄情"的人，在行动上做得跟"薄情"一样，是最冤枉的，犯不着的。正如一个并不调皮的人要调皮而结果反吃亏，一个道理。

…………

一切做人的道理，你心里无不明白，吃亏的是没有事实表现；希望你从今以后，一辈子记住这一点。大小事都要对人家有交代！

其次，你对时间的安排，学业的安排，轻重的看法，缓急的分别，还不能有清楚明确的认识与实践。这是我为你最操心的。因为你的生活将来要和我一样的忙，也许更忙。不能充分掌握时间与区别事情的缓急先后，你的一切都会打折扣。所以有关这些方面的问题，不但希望你多听听我的意见，更要自己多想想，想过以后立刻想办法实行，应改的应调整的都应当立刻改，立刻调整，不以任何理由耽搁。

这封家书里，傅雷对于外语学习的方法，积极行动、做事有始有终，合理规划时间、分清事情轻重缓急的看法，不仅对傅聪，对我们每一个青年人都有指导意义。值得我们认真品读、领会。

七月四日晨

……孩子，希望你对实际事务多注意些，应办的即办，切勿懒洋洋地拖宕。夜里摆龙门阵的时间，可以打发不少事情呢。宁可先准备好了再玩。

也许这是你出国以前接到的最后一信了，也许连这封信也来不及收到，思之怆然。要嘱咐你的话是说不完的，只怕你听得起腻了。可是关于感情问题，我还是要郑重告诫：无论如何要克制，以前途为重，以健康为重。在外好好利用时间，不但要利用时间来工作，还要利用时间来休息、写信。别忘了杜甫那句诗："家书抵万金！"

七月十五日 *

亲爱的聪儿：

你临走前七日发的信，到十日下午才收到，那几天我们左等右等老不见你来信，焦急万分，究竟怎么回事？走了没有？终于信来了，一块石头落了地。原来你是一个人走的，旅途的寂寞，这种滋味我也想象得出来。到了苏联、波兰，是否都有人来接你，我们只有等你的消息了。

……望你把全部精力放在研究学问上，多用理智，少用感情，当然，那是要靠你坚强的信心，克制一切的烦恼，不是件容易的事，但是非克服不可。对于你的感情问题，我向来不参加任何意见，觉得你各方面都在进步，你是聪明人，自会觉悟的。我既是你妈妈，我们是休戚相关的骨肉，不得不要唠叨几句，加以规劝。

回想我跟你爸爸结婚以来，二十余年感情始终如一，我十四岁上，你爸爸就爱上了我（他跟你一样早熟），十五岁就订婚，当年冬天爸爸就出国了。在他出国的四年中，虽然不免也有波动，可是他主意老，觉悟得快，所以回国后就结婚。婚后因为他脾气急躁，大大小小的折磨总是难免的，不过我们感情还是那么融洽，那么牢固，到现在年龄大了，火气也退了，爸爸对我更体贴了，更爱护我了。我虽不智，天性懦弱，可是靠了我的耐性，对他无形中或大或小多少有些帮助，这是我觉得可以骄傲的，可以安慰的。我们现在真是终身伴侣，缺一不可的。现在你也长大成人，父母对儿女的终身问题，也常在心中牵挂，不过你年纪还轻，不要操之过急。以你这些才具，将来不难找到一个满意的对象。好了，唠唠叨叨写得太多，你要头痛了。

今天接到你发自满洲里的信，真是意想不到的快，高兴极了！等到你接到我们的信时，你早已一切安顿妥当。望你将经过情形详细告诉我们，你的消息对我们永远是新鲜的。爸爸的书房墙壁做好了，可是要等干透，方可迁入。现在爸爸在三楼工作，很安静，新译的书于八月中可以脱稿。阿敏放假了，为了学习问题，有些闹情绪，精神影响身体，这几天很没劲。关于他的问题，爸爸会跟你谈的。

同样是谈感情问题，父亲和母亲的角度大不相同，父亲的教导则事业大于感情，而母亲则以自己的成功经历加以规劝。父爱严肃，母爱柔和。

八月十一日午前

……你的生活我想象得出，好比一九二九年我在瑞士。但你更幸运，有良师益友为伴，有你的音乐做你崇拜的对象。我二十一岁在瑞士正患着青春期的、浪漫底克的忧郁病：悲观、厌世、彷徨、烦闷、无聊：我在《贝多芬传》译序中说的就是指那个时期。孩子，你比我成熟多了，所有青春期的苦闷，都提前几年，早在国内度过；所以你现在更能够定下心神，发愤为学；不至于像我当年蹉跎岁月，到如今后悔无及。

你的弹琴成绩，叫我们非常高兴。对自己父母，不用怕"自吹自捧"的嫌疑，只要同时分析一下弱点，把别人没说出而自己感觉到的短处也一起告诉我们。把人家的赞美报告我们，是你对我们最大的安慰；但同时必须深深的检讨自己的缺陷。这样，你写的信就不会显得过火；而且这种自我批判的功夫也好比一面镜子，对你有很大帮助。把自己的思想写下来（不管在信中或是用别的方式），比着光在脑中空想是大不同的。写下来需要正确精密的思想，所以写在纸上的自我检讨，格外深刻，对自己也印象深刻。你觉得我这段话对不对？

我对你这次来信还有一个很深的感想。便是你的感觉性极强、极快。这是你的特长，也是你的缺点。你去年一到波兰，弹肖邦的 style〔风格〕立刻变了；回国后却保持不住；这一回一到波兰又变了，这证明你的感受力极快。但是天下事有利必有弊，有长必有短，往往感受快的，不能沉浸得深，不能保持得久。去年时间短促，固然不足为定论。但你至少得承认，你的不容易"牢固执着"是事实。我现在特别提醒你，希望你时时警惕，对于你新感受的东西不要让它浮在感受的表面；而要仔细分析，究竟新感受的东西和你原来的观念、情绪、表达方式有何不同。这是需要冷静而强有力的智力，才能分析清楚的。希望你常常用这个步骤来"巩固"你很快得来的新东西（不管是技术还是表达）。长此做去，不但你的演奏风格可以趋于稳定、成熟（当然所谓稳定不是刻板化、公式化）；而且你一般的智力也可大大提高，受到锻炼。孩子，记住这些！深深的记住！还要实地做去！这些话我相信只有我能告诉你。

还要补充几句：弹琴不能徒恃 sensation〔感觉〕，sensibility〔感受，情感〕。那些心理作用太容易变。从这两方面得来的，必要经过理性的整理、归纳，才能深深的化入自己的心灵，成为你个性的一部分，人格的一部分。当然，你在波兰几年住下来，熏陶的结果，多少也（自然而然的）会把握住精华。但倘若你事前有了思想准备，特别在智力方面多下功夫，那么你将来的收获一定更大更丰富，基础也更稳固。再说得明白些：艺术家天生敏感，换一个地方，换一批群众，换一种精神气氛，不知不觉会改变自己的气质与表达方式。但主要的是你心灵中最优秀最特出的部分，从人家那儿学来的精华，都要紧紧抓住，深深的种在自己性格里，无论何时何地这一部分始终不变。这样你才能把独有的特点培养得厚实。

关于这个问题，我想你听了必有所感。不妨跟我多谈谈。

其次，我不得不再提醒你一句：尽量控制你的感情，把它移到艺术中去。你周围美好的天使太多了，我怕你又要把持不住。你别忘了，你自誓要做几年清教徒的，在男女之爱方面要过几年僧侣生活，禁欲生活的！这一点千万要提醒自己！时时刻刻提防自己！一切都要醒悟得早，收篷收得早；不要让自己的热情升高之后再去压制，那时痛苦更多，而且收效也少。亲爱的孩子，无论如何你要在这方面听从我的忠告！爸爸妈妈最不放心的不过是这些。

你上课以后，老师如何批评？那时他一定有更切实更具体的指摘，不会光是夸奖了。我们都急于要知道。你对肖邦的了解，他们认为的长处短处，都望详细报告。technic〔技巧〕问题也是我最关心的。老师的意见怎样？是否需要从头来起？还是目前只改些小地方，待比赛以后再彻底修改？这些你也不妨请问老师。

…………

你记住一句话：青年人最容易给人一个"忘恩负义"的印象。其实他是眼睛望着前面，饥渴一般的忙着吸收新东西，并不一定是"忘恩负义"；但懂得这心理的人很少；你千万不要让人误会。

…………

孩子，你真是个艺术家，从来想不起实际问题的。怎么连食宿的费用、平日的零用等，一字不提呢？人是多方面的，做父母的特别关心这些，下次别忘了详细报道。乐谱问题怎样解决？在波兰花一大笔钱买了，会不会影响别的用途？

我要工作了，不再多写。远远的希望你保重，因为你这样快乐，用不着再祝你快乐了！

在这封信里，父亲跟儿子谈学习、谈成绩、谈感情、谈做人，从方方面面，将自己的人生经验毫无保留地传授给儿子，希望儿子能在学习与事业中少走弯路，顺利成功。父亲对儿子的爱与期望跃然纸上。

八月十六日晚

孩子：

我忙得很，只能和你谈几桩重要的事。

你素来有两个习惯：一是到别人家里，进了屋子，脱了大衣，却留着丝围巾；二是常常把手插在上衣口袋里，或是裤袋里。这两件都不合西洋的礼貌。围巾必须和大衣一同脱在衣帽间，不穿大衣时，也要除去围巾。手插在上衣袋里比插在裤袋里更无礼貌，切忌切忌！何况还要使衣服走样，你所来往的圈子特别是有教育的圈子，一举一动务须特别留意。对客气的人，或是师长，或是老年人，说话时手要垂直，人要立直。你这种规矩成了习惯，一辈子都有好处。

在饭桌上，两手不拿刀叉时，也要平放在桌面上，不能放在桌下，搁在自己腿上或膝盖上。你只要留心别的有教养的青年就可知道。刀叉尤其不要掉在盘下，叮叮当当的！

出台行礼或谢幕，面部表情要温和，切勿像过去那样太严肃。这与群众情绪大有关系，应及时注意。只要不急，心里放平静些，表情自然会和缓。

你的老师有多少年纪了？是哪个音乐学院的教授？过去经历如何？面貌怎样的？不妨告诉我们听听。别忘了爸爸有时也像你们一样，喜欢听故事呢。

总而言之，你要学习的不仅仅在音乐，还要在举动、态度、礼貌各方面吸收别人的长处。这些，我在留学的时代是极注意的；否则，我对你们也不会从小就管这管那，在各种 manners〔礼节，仪态〕方面跟你们烦了。但望你不要嫌我烦琐，而要想到一切都是要使你更完满、更受人欢喜！

中华民族是礼仪之邦，向来重视对孩子的礼仪教育。所以这封信里主要谈了礼仪的问题，从穿衣、用餐到表演和谢幕，从生活和工作学习两方面对儿子的礼仪提出了要求。值得我们注意的是，不同地方的礼仪有很多不同之处，无论到何地，我们都应当尊重当地礼仪习惯，做有礼之人。

十月二日

聪，亲爱的孩子：

收到九月二十二日晚发的第六封信，很高兴。我们并没为你前信感到什么烦恼或是不安。我在第八信中还对你预告，这种精神消沉的情形，以后还是会有的。我是过来人，绝不至于大惊小怪。你也不必为此担心，更不必硬压在肚里不告诉我们。心中的苦闷不在家信中发泄，又哪里去发泄呢？孩子不向父母诉苦向谁诉呢？我们不来安慰你，又该谁来安慰你呢？人一辈子都在高潮—低潮中浮沉，唯有庸碌的人，生活才如死水一般；或者要有极高的修养，方能廓然无累，真正的解脱。只要高潮不过分使你紧张，低潮不过分使你颓废，就好了。太阳太强烈，会把五谷晒焦；雨水太猛，也会淹死庄稼。我们只求心理相当平衡，不至于受伤而已。你也不是栽了筋斗爬不起来的人。我预料国外这几年，对你整个人也有很大的帮助。这次来信所说的痛苦，我都理会得；我很同情，我愿意尽量安慰你、鼓励你。克利斯朵夫不是经过多少回这种情形吗？他不是一切艺术家的缩影与结晶吗？慢慢的你会养成另外一种心情对付过去的事：就是能够想到而不再惊心动魄，能够从客观的立场分析前因后果，做将来的借鉴，以免重蹈覆辙。一个人唯有敢于正视现实，正视错误，用理智分析，彻底感悟，终不至于被回忆侵蚀。我相信你逐渐会学会这一套，越来越坚强的。我以前在信中和你提过感情的 ruin〔创伤，覆灭〕，就是要你把这些事当作心灵的灰烬看，看的时候当然不免感触万端，但不要刻骨铭心的伤害自己，而要像对着古战场一般的存着凭吊的心怀。倘若你认为这些话是对的，对你有些启发作用，那么将来在遇到因回忆而痛苦的时候（那一定免不了会再来的），拿出这封信来重读几遍。

　　说到音乐的内容，非大家指导见不到高天厚地的话，我也有另外的感触，就是学生本人先要具备条件：心中没有的人，再经名师指点也是枉然的。

···········

为了你，我前几天已经在《大英百科辞典》上找 Krakow〔克拉可夫〕那一节看了一遍，知道那是七世纪就有的城市，从十世纪起，城市的历史即很清楚。城中有三十余所教堂。希望你买一些明信片，并成一包，当印刷品（不必航空）寄来，让大家看看喜欢一下。

这封信里，父亲用饱含哲理的语句，鼓励儿子正视现实，敢于面对低潮与错误，吸取失败的教训，让自己成熟起来，理性面对生活的起伏。那些富含哲理的语句，读来令人受益匪浅。

十二月二十七日

亲爱的孩子：

十八日收到节目单、招贴、照片及杰老师的信，昨天（二十六日）又收到你的长信（这是你第九封），好消息太多了，简直来不及，不知欢喜了哪一样好！妈妈老说："想起了小团，心里就快活！"好孩子，你太使人兴奋了。

一天练出一个 Concerto〔协奏曲〕的三个乐章带 cadenza〔华彩段〕，你的 technic〔技巧〕和了解，真可以说是惊人。你上台的日子还要练足八小时以上的琴，也叫人佩服你的毅力。孩子，你真有这个劲儿，大家说还是像我，我听了好不 flattered〔受宠若惊〕！不过身体还得保重，别为了多争半小时一小时，而弄得筋疲力尽。从现在起，你尤其要保养得好，不能太累，休息要充分，常常保持 fresh〔饱满〕的精神。好比参加世运的选手，离上场的日期愈近，身心愈要调养得健康，精神饱满比什么都重要。所谓"The first prize is always 'luck'"〔第一名总是"碰运气的"〕这句话，一部分也是这个道理。目前你的比赛节目既然差不多了，technic〔技巧〕，pedal〔踏板〕也解决了，那更不必过分拖累身子！再加一个半月的琢磨，自然还会百尺竿头，更进一步；你不用急，不但你有信心，老师也有信心，我们大家都有信心。主要仍在于心理修养，精神修养，存了"得失置之度外""胜败兵家之常"那样无挂无碍的心，包你没有问题的。第一，饮食寒暖要极小心，一点儿差池不得。比赛以前，连小伤风都不让它有，那就行了。

到波兰五个月，有这样的进步，恐怕你自己也有些出乎意外吧。李先生今年一月初说你：gains come with maturity〔因日渐成熟而有所长进〕，真对。勃隆斯丹过去那样赏识你，也大有先见之明。还是我做父亲的比谁都保留，其实我也是 expect the worst, hope for the best〔做最坏的打算，抱最高的希望〕。我是你的舵工，责任最重大。从你小时候起，我都怕好话把你宠坏了。现在你到了这地步，样样自己都把握得住，我当然不再顾忌，要跟你说：我真高兴，真骄傲！中国人气质，中国人灵魂，在你身上和我一样强，我也大为高兴。

还要打听你一件事：上次匈牙利小提琴家（音乐院院长）演奏，从头至尾都是拿出谱来拉的；我从前在欧洲从未见过，便是学生登台也没有这样的事；不知你在波兰见过这等例子吗？不妨问问人家。我个人总觉得"差些劲"。周伯伯前晌谈到朗读诗歌，说有人看了原文念，那是念不好的；一定要背，感情才浑成。我觉得这话很有见地。诗歌朗诵尚且如此，何况弹琴、拉琴！我自己教恩德念诗，也有这经验。凡是空口背而念的，比看着原作念的，精神更一贯，情绪更丰富。

……我们还想另外寄两瓶头发水给你。此外又另寄书一包，计有：（都有注解）《元朝散曲选》二册、《古诗源选读》二册、《唐五代宋词》二册、《世说新语选》一册。

你现在手头没有散文的书（指古文），《世说新语》大可一读。日本人几百年来都把它当作枕中秘宝。我常常缅怀两晋六朝的文采风流，认为是中国文化的一个高峰。

《人间词话》，青年们读得懂的太少了；肚里要不是先有上百首诗，几十首词，读此书也就无用。再说，目前的看法，王国维是"唯心"的；在此俞平伯"大吃生活"之际，王国维也是受批判的对象。其实，唯心唯物不过是一物之两面，何必这样死拘！我个人认为中国有史以来，《人间词话》是最好的文学批评。开发性灵，此书等于一把金钥匙。一个人没有性灵，光谈理论，其不成为现代学究、当世腐儒、八股专家也鲜矣！为学最重要的是"通"，通才能不拘泥，不迂腐，不酸，不八股；"通"才能培养气节、胸襟、目光；"通"才能成为"大"，不大不博，便有坐井观天的危险。我始终认为弄学问也好，弄艺术也好，顶要紧是 humain〔法语，人〕，要把一个"人"尽量发展，没成为某某家某某家以前，先要学做人；否则那种某某家无论如何高明也不会对人类有多大贡献。这套话你从小听腻了，再听一遍恐怕更觉得烦了。

…………

二十五日我刚把巴尔扎克的《于絮尔·弥罗埃》初译译完，加上修改、誊正等，大概全部完成也要在二三月中。等你比赛结束时我的工作也告一段落。下一部仍是服尔德的两个中篇。再下一部又是巴尔扎克，那要到明年年底完工的了。

…………

妈妈说你的信好像满纸都是 sparkling〔光芒四射，耀眼生辉〕。当然你浑身都是青春的火花，青春的鲜艳，青春的生命、才华，自然写出来的有那么大的吸引力了。我和妈妈常说，这是你一生之中的黄金时代，希望你好好的享受、体验，给你一辈子做个最精彩的回忆的底子！眼看自己一天天地长大成熟、进步，了解的东西一天天的加多，精神领域一天天的加阔，胸襟一天天的宽大，感情一天天的丰满深刻：这不是人生最美满的幸福是什么！这不是最隽永最迷人的诗歌是什么！孩子，你好福气！

……………

前二月，昆明一个不相干的熟人（为了翻译问题）来信说，波兰代表团到昆明时也提到你。那么几年（不过四年）前昆明一般朋友对你的热情和帮助也算没白费，他们心里一定会想："我们没看错！也没白忙。"你这也算报答了他们的盛意。这样报答知己才是最有意义的！

……………

告诉老师，说他的信收到了，谢谢他的 affectionate letter〔充满深情的信〕，外国人很重这种礼貌，别忘了。再代我祝他健康，稍迟再有信给他。

这封信里满满洋溢着父母对一个优秀儿子的赞许和期望。而这赞许和期望必将再转化为儿子前行的动力。同时，信中关于学艺与做人的忠告，也值得我们铭记。

一九五五年

一月九日深夜

……我忘了和你提，杰老师的信里有一句："倘若他（指你）的演奏能更加朴素更加单纯的话……"，言外之意，似乎他觉得你还过于 romantic〔浪漫〕，抒情太多而不够含蓄。事实上，他是否平日和你也说起这一点？别的教授，如 Hoffmann〔霍夫曼〕，还有你早些说过的什么太太，他们对你的意见如何？是否和杰老师的有出入？还是大致相同？还是反倒赞成你的表达？一般音乐界对你的批评又怎样？与老师的对照，比较起来，你自己的结论怎样？

刚才敏开了一遍《第四钢琴协奏曲》的唱片。想你此刻一定练好了吧？你上月十五日信中说，只练了一天，就弹好三个乐章，连 cadenza〔华彩段〕在内。这协奏曲一共就是三个乐章，那么你就是一天之内把全个乐曲都练出了，是不是？你话说得蹊跷，我给你愣住了，仿佛那曲子有四个乐章似的。斯曼齐安卡弹的 Scarlatti〔斯卡拉蒂〕，把我们迷住了。将来你也许比她弹得更好；至此为止，一共练了几支了？贝多芬第四，你弹谁的 cadenza〔华彩段〕？是 Clara Schumann〔克拉拉·舒曼〕的，还是 Saint-Saens〔圣桑〕的？

…………

声乐研究所，文化部决定要办。假如林伯伯不愿意去北京，则办在上海也行，只要常常往北京跑，指导那边的人。办的时期当在一二年后，由林伯伯决定。他先要在喉科方面加深研究，一面考虑如何筹备将来的研究所。我主张他第一重点，在一二年内训练出二三个好的助教。据说他离开后，大家都找王福增教了，因为王跟林伯伯时期最早、最久、最用功，音乐天赋差些，但肯下苦功夫；这种人将来当教授是最好的……

说起星期天，不知你是否整天完全休息的？你工作时间已那么长，你的个性又是从头至尾感情都高昂的，倘星期日不再彻底休息，我们更要不放心了。

开音乐会的日子，你仍维持八小时工作；你的毅力、精神、意志，固然是惊人，值得佩服，但我们毕竟为你操心。孩子，听我们的话，不要在已经觉得疲倦的时候再 force〔勉强〕自己。多留一分元气，在长里看还是占便宜的。尤其在比赛以前半个月，工作时间要减少一些，最要紧的是保养身心的新鲜，元气充沛，那么你的演奏也一定会更丰满、更 fresh〔清新〕！

…………

"人文"新印的巴尔扎克精装本，已有三部寄来，可怜得很，印刷与装订都糟透，社内办事又外行，寄书只用一张牛皮纸，到上海，没有一本书脊不是上下端碰伤了的。封面格式也乱来，早替他们安排好的，他们都莫名其妙。插图铜版还是我在上海监督，做好了寄去的；否则更不像样了。

无论工作与学习，我们都要懂得劳逸结合，这样才能始终保持旺盛的精力，提高工作效率。

一月二十六日

亲爱的孩子：

元旦一手扶杖，一手搭在妈妈肩上，试了半步，勉强可走，这两日也就半坐半卧。但和残废一样，事事要人服侍，单独还是一步行不得。大概再要养息一星期方能照常。

早预算新年中必可接到你的信，我们都当作等待什么礼物一般地等着。果然昨天早上收到你（波 10）来信，而且是多少可喜的消息。孩子！要是我们在会场上，一定会禁不住涕泗横流的。世界上最高的最纯洁的欢乐，莫过于欣赏艺术，更莫过于欣赏自己的孩子的手和心传达出来的艺术！其次，我们也因为你替祖国增光而快乐！更因为你能借音乐而使多少人欢笑而快乐！想到你将来一定有更大的成就，没有止境的进步，为更多的人更广大的群众服务，鼓舞他们的心情，抚慰他们的创痛，我们真是心都要跳出来了！能够把不朽的大师的不朽的作品发扬光大，传布到地球上每一个角落去，真是多神圣、多光荣的使命！孩子，你太幸福了，天待你太厚了。我更高兴的更安慰的是：多少过分的谀辞与夸奖，都没有使你丧失自知之明，众人的掌声、拥抱，名流的赞美，都没有减少你对艺术的谦卑！总算我的教育没有白费，你二十年的折磨没有白受！你能坚强（不为胜利冲昏了头脑是坚强的最好的证据），只要你能坚强，我就一辈子放了心！成就的大小、高低，是不在我们掌握之内的，一半靠人力，一半靠天赋，但只要坚强，就不怕失败，不怕挫折，不怕打击——不管是人事上的，生活上的，技术上的，学习上的——打击；从此以后你可以孤军奋斗了。何况事实上有多少良师益友在周围帮助你，扶掖你。还加上古今的名著，时时刻刻给你精神上的养料！孩子，从今以后，你永远不会孤独的了，即使孤独也不怕的了！

赤子之心这句话，我也一直记住的。赤子便是不知道孤独的。赤子孤独了，会创造一个世界，创造许多心灵的朋友！永远保持赤子之心，到老也不会落伍，永远能够与普天下的赤子之心相接相契相抱！你那位朋友说得不错，艺术表现的动人，一定是从心灵的纯洁来的！不是纯洁到像明镜一般，怎能体会到前人的心灵？怎能打动听众的心灵？

斯曼齐安卡说的肖邦协奏曲的话，使我想起前二信你说 Richter〔李赫特〕弹柴可夫斯基的协奏曲的话。一切真实的成就，必有人真正的赏识。

音乐院院长说你的演奏像流水、像河；更令我想到克利斯朵夫的象征。天舅舅说你小时候常以克利斯朵夫自命；而你的个性居然和罗曼·罗兰的理想有些相像了。河，莱茵，江声浩荡……钟声复起，天已黎明……中国正到了"复旦"的黎明时期，但愿你做中国的——新中国的——钟声，响遍世界，响遍每个人的心！滔滔不竭的流水，流到每个人的心坎里去，把大家都带着，跟你一块到无边无岸的音响的海洋中去吧！名闻世界的扬子江与黄河，比莱茵的气势还要大呢！……黄河之水天上来，奔流到海不复回！……无边落木萧萧下，不尽长江滚滚来！……有这种诗人灵魂的传统的民族，应该有气吞牛斗的表现才对。

你说常在矛盾与快乐之中，但我相信艺术家没有矛盾不会进步，不会演变，不会深入。有矛盾正是生机蓬勃的明证。眼前你感到的还不过是技巧与理想的矛盾，将来你还有反复不已更大的矛盾呢：形式与内容的枘凿，自己内心的许许多多不可预料的矛盾，都在前途等着你。别担心，解决一个矛盾，便是前进一步！矛盾是解决不完的，所以艺术没有止境，没有 perfect〔完美，十全十美〕的一天，人生也没有 perfect〔完美，十全十美〕的一天！唯其如此，才需要我们夜以继日，终生的追求、苦练；要不然大家做了羲皇上人，垂手而天下治，做人也太腻了！

在对儿子所取得成就表达了强烈的骄傲和自豪的同时，父亲还不忘告诫儿子：艺术没有止境、人生也没有达到完美的时候，要不断前行、不断进取，才是正道。

三月十五日夜

亲爱的孩子：

快两个月没接到你的信，可是报上有了四次消息。第一次只报告比赛事，也没提到中国参加。第二次提到中国有你参加。第三次是本月七日（新华社六日电），报告第一轮从七十四人淘汰为四十一人，并说你进入第二轮。第四次是十四日（昨天），说你进入第三轮。接着也有一两个接近的朋友打电话来道喜了。

这一晌你的紧张，不问可知，单想想我们自己就感觉得到。我好几次梦见你，觉得自己也在华沙；醒来就要老半天睡不着。人的感情真是不可解，尤其是梦，那是无从控制的，怎么最近一个月来，梦见你的次数会特别多呢？

此信到时，大会已告结束，成绩也已公布。不论怎样，你总可以详详细细来封信了吧？马思聪先生有家信到京（还在比赛前写的），由王棣华转给我们看。他说你在琴上身体动得厉害，表情十足，但指头触及键盘时仍紧张。他给你指出了，两天以内你的毛病居然全部改正，使老师也大为惊奇，不知经过情形究竟如何？

好些人看过 Glinka〔格林卡〕的电影，内中 Richter〔李赫特〕扮演李斯特在钢琴上表演，大家异口同声对于他火爆的表情觉得刺眼。我不知这是由于导演的关系，还是他本人也倾向于琴上动作偏多？记得你十月中来信，说他认为整个的人要跟表情一致。这句话似乎有些毛病，很容易鼓励弹琴的人身体多摇摆。以前你原是动得很剧烈的，好容易在一九五三年上改了许多。从波兰寄回的照片上，有几张可看出你又动得加剧了。这一点希望你注意。传说李斯特在琴上的戏剧式动作，实在是不可靠的；我读过一段当时人描写他的弹琴，说像 rock〔磐石〕一样。鲁宾斯坦（安东）也是身如岩石。唯有肉体静止，精神的活动才最圆满：这是千古不变的定律。在这方面，我很想听听你的意见。

虽然相隔万里，但父母仍然从一切可能的渠道密切关注着儿子，不仅关注儿子所取得的成绩，更关注他每个点滴的进步与存在的问题。唯有真正关心之人，才会注意到这些细节并不断地提醒。

三月二十一日上午

聪，亲爱的孩子：

期待了一个月的结果终于揭晓了，多少夜没有好睡，十九日晚更是神思恍惚，昨（二十日）夜为了喜讯过于兴奋，我们仍没睡着。先是昨晚五点多钟，马太太从北京来长途电话；接着八时许无线电报告（仅至第五名为止），今晨报上又披露了十名的名单。难为你，亲爱的孩子！你没有辜负大家的期望，没有辜负祖国的寄托，没有辜负老师的苦心指导，同时也没辜负波兰师友及广大群众这几个月来对你的鼓励！

也许你觉得应该名次再前一些才好，告诉我，你是不是有"美中不足"之感？可是别忘了，孩子，以你离国前的根基而论，你七个月中已经做了最大的努力，这次比赛也已经 do your best〔尽力而为〕。不但如此，这七个月的成绩已经近乎奇迹。想不到你有这么些才华，想不到你的春天来得这么快，花开得这么美，开到世界的乐坛上放出你的异香。东方升起了一颗星，这么光明，这么纯净，这么深邃；替新中国创造了一个辉煌的世界纪录！我做父亲的一向低估了你，你把我的错误用你的才具与苦功给点破了，我真高兴，我真骄傲，能够有这么一个儿子把我错误的估计全部推翻！妈妈是对的，母性的伟大不在于理智，而在于那种直觉的感情；多少年来，她嘴上不说，心里是一向认为我低估你的能力的；如今她统统向我说明了。我承认自己的错误，但是用多么愉快的心情承认错误：这也算是一个奇迹吧？

　　回想到一九五三年十二月你从北京回来，我同意你去波兰学习，但不鼓励你参加比赛，还写信给周巍峙要求不让你参加。虽说我一向低估你，但以你那个时期的学力，我的看法也并不全错。你自己也觉得即使参加，未必有什么把握。想你初到海滨时，也不见得有多大信心吧？可见这七个月的学习，上台的经验，对你的帮助简直无法形容，非但出于我们意料之外，便是你以目前和七个月以前的成绩相比，你自己也要觉得出乎意料，是不是？

　　今天清早柯子岐打电话来，代表他父亲母亲向我们道贺。子岐说：与其你光得第二，宁可你得第三，加上一个玛祖卡奖。这句话把我们心里的意思完全说中了。你自己有没有这个感想呢？

　　再想到一九四九年第四届比赛的时期，你流浪在昆明，那时你的生活，你的苦闷，你的渺茫的前途，跟今日之下相比，不像是做梦吧？谁想得到，一九五一年回上海时只弹 *"Pathetique" Sonata* 〔《"悲怆"奏鸣曲》〕还没弹好的人，五年以后会在国际乐坛的竞赛中名列第三？多少迂回的路，多少痛苦，多少失意，多少挫折，换来你今日的成功！可见为了获得更大的成功，只有加倍努力，同时也得期待别的迂回，别的挫折。我时时刻刻要提醒你，想着过去的艰难，让你以后遇到困难的时候更有勇气去克服，不至于失掉信心！人生本是没穷尽没终点的马拉松赛跑，你的路程还长得很呢：这不过是一个光辉的开场。

　　回过来说：我过去对你的低估，在某些方面对你也许有不良的影响，但有一点至少是对你有极大的帮助的。唯其我对你要求严格，终不至于骄纵你——你该记得罗马尼亚三奖初宣布时你的愤懑心理，可见年轻人往往容易估高自己的力量。我多少年来把你紧紧拉着，至少养成了你对艺术的严肃的观念，即使偶尔忘形，也极易拉回来。

我提这些话，不是要为我过去的做法辩护，而是要趁你成功的时候特别让你提高警惕，绝对不让自满和骄傲的情绪抬头。我知道这也用不着多嘱咐，今日之下，你已经过了这一道骄傲自满的关，但我始终是中国儒家的门徒，遇到极盛的事，必定要有"如临深渊，如履薄冰"的格外郑重、畏惧、戒备的感觉。

现在再谈谈实际问题：据我们猜测，你这一回还是吃亏在technic〔技巧〕，而不在于 music〔音乐〕；根据你技巧的根底，根据马先生到波兰后的家信，大概你在这方面还不能达到极有把握的程度。当然难怪你，过去你受的什么训练呢？七个月能有这成绩已是奇迹，如何再能苛求？

说到"不完整"，我对自己的翻译也有这样的自我批评。无论译哪一本书，总觉得不能从头至尾都好；可见任何艺术最难的是"完整"！你提到 perfection〔完美〕，其实 perfection〔完美〕根本不存在的，整个人生、世界、宇宙，都谈不上 perfection〔完美〕。要就是存在于哲学家的理想和政治家的理想之中。我们一辈子的追求，有史以来多少世代的人的追求，无非是 perfection〔完美〕，但永远是追求不到的，因为人的理想、幻想，永无止境，所以 perfection〔完美〕像水中月、镜中花，始终可望而不可即。但能在某一个阶段求得总体的"完整"或是比较的"完整"，已经很不差了。

…………

比赛既然过去了，我们希望你每个月能有两封信来。尤其是我希望多知道：（1）国外音乐界的情形；（2）你自己对某些乐曲的感想和心得。千万抽出些工夫来！以后不必再像过去那样夜以继日的扑在琴上。修养需要多方面的进行，技巧也得长期训练，切勿操之过急。静下来多想想也好，而写信就是强迫你整理思想，也是极好的训练。

乐理方面，你打算何时开始？当然，这与你波兰文程度有关。

这又是一封富含哲理的信，在肯定儿子成绩，并为此感到骄傲和自豪的同时，不忘提醒儿子保持清醒的头脑，保持追求完美的心态。

三月二十七日夜

聪：

为你参考起见，我特意从一本专论莫扎特的书里译出一段给你。另外还有罗曼·罗兰论莫扎特的文字，来不及译。不知你什么时候学莫扎特？肖邦在写作的 taste〔品味，鉴赏力〕方面，极注意而且极感染莫扎特的风格。刚弹完肖邦，接着研究莫扎特，我觉得精神血缘上比较相近。不妨和杰老师商量一下，你是否可在贝多芬第四弹好以后，接着上手莫扎特？等你快要动手时，先期来信，我再寄罗曼·罗兰的文字给你。

从我这次给你的译文中，我特别体会到，莫扎特的那种温柔妩媚，所以与浪漫派的温柔妩媚不同，就是在于他像天使一样的纯洁，毫无世俗的感伤或是靡靡的 sweetness〔甜腻〕。神明的温柔，当然与凡人的不同，就是达·芬奇与拉斐尔的圣母，那种妩媚的笑容绝非尘世间所有的。能够把握到什么叫作脱尽人间烟火的温馨甘美，什么叫作天真无邪的爱娇，没有一点儿拽心，没有一点儿情欲的骚乱，那么我想表达莫扎特可以"虽不中，不远矣"。你觉得如何？往往十四五岁到十六七岁的少年，特别适应莫扎特，也是因为他们童心没有受过沾染。

将来你预备弹什么近代作家，望早些安排，早些来信；我也可以供给材料。在精神气氛方面，我还有些地方能帮你忙。

我再要和你说一遍：平日来信多谈谈音乐问题。你必有许多感想和心得，还有老师和别的教授们的意见。这儿的小朋友们一个一个都在觉醒，苦于没材料。他们常来看我，和我谈天；我当然要尽量帮助他们。你身在国外，见闻既广，自己不断地在那里进步，定有不少东西可以告诉我们。同时一个人的思想是一边写一边谈出来的，借此可以刺激头脑的敏捷性，也可以训练写作的能力与速度。此外，也有一个道义的责任，使你要尽量地把国外的思潮向我们报道。一个人对人民的服务不一定要站在大会上演讲或是做什么惊天动地的大事业，随时随地，点点滴滴地把自己知道的、想到的告诉人家，无形中就是替国家播种、施肥、垦殖！孩子，你千万记住这些话，多多提笔！

…………

黄宾虹先生于本月二十五日在杭患胃癌逝世，享寿九十二岁。以艺术家而论，我们希望他活到一百岁呢。去冬我身体不好，中间摔了一跤，很少和他通信；只是在十一月初到杭州去，连续在他家看了两天画，还替他拍了照，不料竟成永诀。听说他病中还在记挂我，跟不认识我的人提到我。我听了非常难过，得信之日，一晚没睡好。

父亲在信中时常提醒儿子：身在国外，所代表的不仅仅是个人，而是代表着整个国家。爱国不一定非要做一番惊天动地的大事，而是要在日常的平凡生活中，一点一滴，尽自己所能传播中外文化。表现了父亲高尚的爱国情操。

四月一日晚／三日

……我知道你忙，可是你也知道我未尝不忙，至少也和你一样忙。我近七八个月身体大衰，跌跤后已有两个半月，腿力尚未恢复，腰部酸痛更是厉害。但我仍硬撑着工作，写信，替你译莫扎特等都是拿休息时间，忍着腰痛来做的。孩子，你为什么老叫人牵肠挂肚呢？预算你的信该到的时期，一天不到，我们精神上就一天不得安定。

我们又猜想，也许马思聪先生回来，可能带信来，但他究竟何时离开华沙？假定二十五日以后离波，难道你也要到那时才给我们写信吗？照片及其他文件剪报等，因为厚重，交马先生带当然很好，省却许多航空邮费。但报告比赛详情的信总不会那么迟才动笔吧？要说音乐会，至早也得与比赛相隔一个星期，那你也不至于比赛完了，又忙得无暇写信。那又究竟是什么道理呢？难道两个多月不写家信这件事，对你不是一件精神负担吗？难道你真的身子不舒服吗？

我们历来问你讨家信，就像讨情一般。你该了解你爸爸的脾气，别为了写信的事叫他多受屈辱，好不好？

我把纪念册上的记录做了一个统计：发觉肖邦比赛，历届中进入前五名的，只有波、苏、法、匈、英、中六个国家。德国只有第三届得了一个第六，奥国第二届得了一个第十，意大利第二届得了一个第二十四。可见与肖邦精神最接近的是斯拉夫民族。其次是匈牙利和法国。纯粹日耳曼族或纯粹拉丁族都不行。法国不能算纯粹拉丁族。奇怪的是连修养极高极博的大家如 Busoni〔布索尼〕生平也未尝以弹奏肖邦知名。德国十九世纪末期，出了那些大钢琴家，也没有一个弹肖邦弹得好的。但这还不过是个人悬猜，你在这次比赛中实地接触许多国家的选手，也听到各方面的批评，想必有些关于这个问题的看法，可以告诉我。

一日晚

今日接马先生（三十日）来信，说你要转往苏联学习，又说已与文化部谈妥，让你先回国演奏几场；最后又提到预备叫你参加明年二月德国的 Schumann〔舒曼〕比赛。

我认为回国一行，连同演奏，至少要花两个月；而你还要等波兰的零星音乐会结束以后方能动身。这样，前前后后要费掉三个多月。这在你学习上是极大的浪费。尤其你技巧方面还要加工，倘若再想参加明年的 Schumann〔舒曼〕比赛，他的技巧比肖邦的更麻烦，你更需要急起直追。与其让政府花了一笔来回旅费而耽误你几个月学习，不如叫你在波兰灌好唱片（像我前信所说）寄回国内，大家都可以听到，而且是永久性的；同时也不妨碍你的学业。我们做父母的，在感情上极希望见见你，听到你这样成功的演奏，但为了你的学业，我们宁可牺牲这个福气。我已将此意写信告诉马先生，请他与文化部从长考虑。我想你对这个问题也不会不同意吧？

其次，转往苏联学习一节，你从来没和我们谈过。你去波以后我给你二十九封信，信中表现我的态度难道还使你不敢相信，什么事都可以和我细谈、细商吗？你对我一字不提，而托马先生直接向中央提出，老实说，我是很有自卑感的，因为这反映你对我还是不放心。大概我对你从小的不得当、不合理的教育，后果还没有完全消灭。你比赛以后一直没信来，大概心里又有什么疙瘩吧！马先生回来，你也没托带什么信，因此我精神上的确非常难过，觉得自己功不补过。现在谁都认为（连马先生在内）你今日的成功是我在你小时候打的基础，但事实上，谁都不再对你当前的问题再来征求我一分半分意见；是的，我承认老朽了，不能再帮助你了。

可是我还有几分自大的毛病，自以为看事情还能比你们青年看得远一些，清楚一些。同时我还有过分强的责任感，这个责任感使我忘记了自己的老朽，忘记了自己帮不了你忙而硬要帮你忙。

所以倘使下面的话使你听了不愉快，使你觉得我不了解你，不了解你学习的需要，那么请你想到上面两个理由而原谅我，请你原谅我是人，原谅我抛不开天下父母对子女的心。

一个人要做一件事，事前必须考虑周详。尤其是想改弦易辙，丢开老路，换走新路的时候，一定要把自己的理智做一个天平，把老路与新路放在两个盘里很精密的称过。现在让我来替你做一件工作，帮你把一项项的理由，放在秤盘里：

〔甲盘〕

（一）杰老师过去对你的帮助是否不够？假如他指导得更好，你的技术是否还可以进步？

（二）六个月在波兰的学习，使你得到这次比赛的成绩，你是否还是不满意？

（三）波兰得第一名的，也是杰老师的学生，他得第一的原因何在？

（四）技术训练的方法，波兰派是否有毛病，或是不完全？

（五）技术是否要靠时间慢慢地提高？

（六）除了肖邦以外，对别的作家的了解，波兰的教师是否不大使你佩服？

（七）去年八月周小燕在波兰知道杰老师为了要教你，特意训练他的英语，这点你知道吗？

〔乙盘〕

（一）苏联的教授法是否一定比杰老师的高明？技术上对你可以有更大的帮助？

（二）假定过去六个月在苏联学，你是否觉得这次的成绩可以更好？名次更前？

（三）苏联得第二名的，为什么只得一个第二？

（四）技术训练的方法，在苏联是否一定胜过任何国家？

（五）苏联是否有比较快的方法提高？

（六）对别的作家的了解，是否苏联比别国也高明得多？

（七）苏联教授是否比杰老师还要热烈？

〔一般性的〕

（八）以你个人而论，是否换一个技术训练的方法，一定还能有更大的进步？所以对第（二）项要特别注意，你是否觉得以你六个月的努力，倘有更好的方法教你，你是否技术上可以和别人并驾齐驱，或是更接近？

（九）以学习 Schumann〔舒曼〕而论，是否苏联也有特殊优越的条件？

（十）过去你盛称杰老师教古典与近代作品教得特别好，你现在是否改变了意见？

（十一）波兰居住七个月来的总结，是不是你的学习环境不大理想？苏联是否在这方面更好？

（十二）波兰各方面对你的关心、指点，是否在苏联同样可以得到？

（十三）波兰方面一般带着西欧气味，你是否觉得对你的学习不大好？

这些问题希望你平心静气，非常客观的逐条衡量，用"民主表决"的方法，自己来一个总结，到那时再做决定。总之，听不听由你，说不说由我。你过去承认我"在高山上看事情"，也许我是近视眼，看出来的形势都不准确。但至少你得用你不近视的眼睛，来检查我看到的是否不准确。果然不准确的话，你当然不用，也不该听我的。

假如你还不以为我顽固落伍，而愿意把我的意见加以考虑的话，那对我真是莫大的"荣幸"了！等到有一天，我发觉你处处比我看得清楚，我第一个会佩服你，非但不来和你"缠夹二"乱提意见，而且还要遇事来请教你呢！目前，第一不要给我们一个闷葫芦！磨难人最厉害的莫如 unknown〔不知〕和 uncertain〔不定〕！对别人同情之前，对父母先同情一下吧！

三日

子女和父母之间总有许多意见不一致的时候，这时，子女可以任性地遵循自我，却很少考虑父母的感受。这封信父亲那些小心翼翼，甚至有些自卑的话语，不禁令我们深深触动，对待父母，我们能不能多一些耐心的沟通？

四月二十一日夜

孩子：

能够起床了，就想到给你写信。

邮局把你比赛后的长信遗失，真是害人不浅。我们心神不安半个多月，都是邮局害的。三月三十日是我的生日，本来预算可以接到你的信了。到四月初，心越来越焦急，越来越迷糊，无论如何也想不通你始终不来信的原因。到四月十日前后，已经根本抛弃希望，似乎永远也接不到你的家信了。

四月十日上午九时半至十一时，听北京电台广播你弹的 *Berceuse*〔《摇篮曲》〕和一支 *Mazurka*〔《玛祖卡》〕，一边听，一边说不出有多少感触。耳朵里听的是你弹的音乐，可是心里已经没有把握孩子对我们的感情怎样——否则怎么会没有信呢？——真的，孩子，你万万想不到我跟你妈妈这一个月来的精神上的波动，除非你将来也有了孩子，而且也是一个像你这样的孩子！马先生三月三十日就从北京寄信来，说起你的情形，可见你那时身体是好的，那么迟迟不写家信更叫我们惶惑"不知所措"了。何况你对文化部提了要求，对我连一个字也没有：难道又不信任爸爸了吗？这个疑问给了我最大的痛苦，又使我想到舒曼痛惜他父亲早死的事，又想到莫扎特写给他父亲的那些亲切的信：其中有一封信，是莫扎特离开了 Salzburg〔萨尔茨堡〕大主教，受到父亲责难，莫扎特回信说：

"是的，这是一封父亲的信，可不是我的父亲的信！"

聪，你想，我这些联想对我是怎样的一种滋味！四月三日（第30号）的信，我写的时候不知怀着怎样痛苦、绝望的心情，我是永远忘不了的。妈妈说的："大概我们一切都太顺利了，太幸福了，天也嫉妒我们，所以要给我们受这些挫折！"要不这样说，怎么能解释邮局会丢失这么一封要紧的信呢？

你那封信在我们是有历史意义的，在我替你编录的"学习经过"和"国外音乐报道"（这是我把你的信分成的类别，用两本簿子抄下来的），是极重要的材料。我早已决定，我和你见了面，每次长谈过后，我一定要把你谈话的要点记下来。为了青年朋友们的学习，为了中国这么一个处在音乐萌芽时代的国家，我做这些笔记是有很大的意义的。所以这次你长信的失落，逼得我留下一大段空白，怎么办呢？

可是事情不是没有挽回的。我们为了丢失的那封信，二十多天的精神痛苦，不能不算是付了很大的代价；现在可不可以要求你也付些代价呢？只要你每天花一小时的工夫，连续三四天，补写一封长信给我们，事情就给补救了。而且你离开比赛时间久一些，也许你一切的观感倒反客观一些。我们极需要知道你对自己的演出的评价，对别人的评价——尤其是对于前四五名的。我一向希望你多发表些艺术感想，甚至对你弹的 Chopin〔肖邦〕某几个曲子的感想。我每次信里都谈些艺术问题，或是报告你国内乐坛消息，无非想引起你的回响，同时也使你经常了解国内的情形。

比赛委员会在三月底就寄来 program〔目录〕一册，纪念册（英、法文的各一册），中文的比赛招贴两大张，这些想必是杰老师嘱咐的。你看人家对我这样周到！这当然也是因为你的缘故！

你说要回来，马先生信中说文化部同意（三月三十日信）你回来一次表演几场；但你这次（四月九日）的信和马先生的信，都叫人看不出究竟是你要求的呢，还是文化部主动的？我认为以你的学习而论，回来是大大的浪费。但若你需要休息，同时你绝对有把握耽搁三四个月不会影响你的学习，那么你可以相信，我和你妈妈没有不欢迎的！在感情的自私上，我们最好每年能见你一面呢！

至于学习问题，我并非根本不赞成你去苏联；只是觉得你在波兰还可以多耽二三年，从波兰转苏联，极方便；再要从苏联转波兰，就不容易了！这是你应当考虑的。但若你认为在波兰学习环境不好，或者杰老师对你不相宜，那么我没有话说，你自己决定就是了。但决定以前，必须极郑重、极冷静，从多方面、从远处大处想周到。

你去年十一月中还说："希望比赛快快过去，好专攻古典和近代作品。杰老师教出来的古典真叫人佩服。"难道这几个月内你这方面的意见完全改变了吗？

倘说技巧问题，我敢担保，以你的根基而论，从去年八月到今年二月的成就，无论你跟世界上哪一位大师哪一个学派学习，都不可能超出这次比赛的成绩！你的才具，你的苦功，这一次都已发挥到最高度，老师教你也施展出他所有的本领和耐性！你可曾研究过program〔节目单〕上人家的学历吗？我是都仔细看过了的；我敢说所有参加比赛的人，除了非洲来的以外，没有一个人的学历像你这样可怜的。换句话说，跟到名师只有六七个月的竞选人，你是独一无二的例外！所以我在三月二十一日（28号）信上就说拿你的根基来说，你的第三名实际是远超过了第三名。说得再明白些，你想：Harasiewicz〔哈拉谢维兹〕，Askenasi〔阿什肯纳奇〕，Ringeissen〔林格森〕，这几位，假如过去学琴的情形和你一样，只有十至十二岁半的时候，跟到一个Paci〔百器〕，十七至十八岁跟到一个Bronstein〔勃隆斯丹〕，再到比赛前七个月跟到一个杰维茨基，你敢说：他们能获得第三名和*Mazurka*〔《玛祖卡》〕奖吗？

我说这样的话，绝对不是鼓励你自高自大，而是提醒你过去六七个月，你已经尽了最大的努力，杰老师也尽了最大的努力。假如你以为换一个school〔学派〕，你六七个月的成就可以更好，那你就太不自量，以为自己有超人的天才了。一个人太容易满足固然不行，太不知足而引起许多不现实的幻想也不是健全的！这一点，我想也只有我一个人会替你指出来。假如我把你意思误会了（因为你的长信失落了，也许其中有许多理由，关于这方面的），那么你不妨把我的话当作"有则改之，无则加勉"。爸爸一千句、一万句，无非是为你好，为你个人好，也就是为我们的音乐界好，也就是为我们的祖国、人民以及全世界的人类好！

我知道克利斯朵夫（晚年的）和乔治之间的距离，在一个动荡的时代是免不了的。但我还不甘落后，还想事事、处处追上你们、了解你们，从你们那儿汲取新生命、新血液、新空气，同时也想竭力把我们的经验和冷静的理智，献给你们，做你们一支忠实的手杖！万一有一天，你们觉得我这根手杖是个累赘的时候，我会感觉到，我会销声匿迹，决不来绊你们的脚！

你有一点也许还不大知道。我一生遇到重大的问题，很少不是找几个内行的、有经验的朋友商量的；反之，朋友有重大的事也很少不来找我商量的。我希望和你始终能保持这样互相帮助的关系。

杰维茨基教授四月五日来信说："聪很少和我谈到将来的学习计划。我只知道他与苏联青年来往甚密，他似乎很向往于他们的学派。但若聪愿意，我仍是很高兴再指导他相当时期。他今后不但要在技巧方面加工，还得在情绪（emotion）和感情（sentimento）的平衡方面多下克制功夫（这都是我近二三年来和你常说的）；我预备教他一些 less romantic〔较不浪漫〕的东西，即巴赫、莫扎特、斯卡拉蒂、初期的贝多芬等。"

他也提到你初赛的 tempo〔速度〕拉得太慢，后来由马先生帮着劝你，复赛效果居然改得多等。你过去说杰老师很 cold〔冷漠〕，据他给我的信，字里行间都流露出热情，对你的热情。我猜想他有些像我的性格，不愿意多在口头奖励青年。你觉得怎么样？四月十日播音中，你只有两支。其余有 Askenasi〔阿什肯纳奇〕的，Harasiewicz〔哈拉谢维兹〕的，田中清子的，Lidia Grychtotowna〔丽迪亚·格雷赫托芙娜〕的，Ringeissen〔林格森〕的。李翠贞先生和恩德都很欣赏 Ringeissen〔林格森〕。Askenasi〔阿什肯纳奇〕的 *Valse*〔《圆舞曲》〕我特别觉得呆板。杰老师信中也提到苏联 group〔那一群〕整个都是第一流的 technic〔技巧〕，但音乐表达很少个性。不知你感觉如何？波兰同学及年长的音乐家们的观感如何？

说起 *Berceuse*〔《摇篮曲》〕，大家都觉得你变了很多，认不得了；但你的 *Mazurka*〔《玛祖卡》〕，大家又认出你的面目了！是不是现在的 style〔风格〕都如此？所谓自然、简单、朴实，是否可以此曲（照你比赛时弹的）为例？我特别觉得开头的 theme〔主题〕非常单调，太少起伏，是不是我的 taste〔品味，鉴赏力〕已经过时了呢？

你去年盛称 Richter〔李赫特〕，阿敏二月中在国际书店买了他弹的 Schumann〔舒曼〕：*The Evening*〔《晚上》〕，平淡得很；又买了他弹的 Schubert〔舒伯特〕：*Moment Musicaux*〔《瞬间音乐》〕，那我可以肯定完全不行，笨重得难以形容，一点儿 Vienna〔维也纳〕风的轻灵、清秀、柔媚都没有。舒曼的我还不敢确定，他弹的舒伯特，则我断定不是舒伯特。可见，一个大家要样样合格真不容易。

你是否已决定明年五月参加舒曼比赛，会不会妨碍你的正规学习呢？是否同时可以弄古典呢？你的古典功夫一年又一年的耽误下去，我实在不放心。尤其你的 mentality〔心态〕，需要早早借古典作品的熏陶来维持它的平衡。我们学古典作品，当然不仅仅是为古典而古典，而尤其是为了整个人格的修养，尤其是为了感情太丰富的人的修养！

所以，我希望你和杰老师谈谈，同时自己也细细思忖一番，是否准备 Schumann〔舒曼〕和研究古典作品可以同时并进？这些地方你必须紧紧抓住自己。我很怕你从此过的多半是选手生涯。选手生涯往往会限制大才的发展，影响一生的基础！

不知你究竟回国不回国？假如不回国，应及早对外声明，你的代表中国参加比赛的身份已经告终；此后是纯粹的留学生了。用这个理由可以推却许多邀请和群众热情的（但是妨碍你学业的）表示。做一个名人也是有很大的危险的，孩子，可怕的敌人不一定是面目狰狞的，和颜悦色、一腔热爱的友情，有时也会耽误你许许多多宝贵的光阴。孩子，你在这方面极需要拿出勇气来！

我坐不住了，腰疼痛难忍，只希望你来封长信安慰安慰我们。

五月八日／九日

孩子：

昨晚有匈牙利的 flutist〔长笛演奏家〕和 pianist〔钢琴家〕的演奏会，作协送来一张票子，我腰酸不能久坐，让给阿敏去了。他回来说 pianist〔钢琴家〕弹得不错，就是身体摇摆得太厉害。因而我又想起了 Richter〔李赫特〕在银幕扮演李斯特的情形。我以前跟你提过，不知李赫特平时在台上是否也摆动很厉害？这问题，正如多多少少其他的问题一样，你没有答复我。记得马先生二月十七日从波兰写信给王棣华，提到你在琴上"表情十足"。不明白他这句话是指你的手下表达出来的"表情十足"呢，还是指你身体的动作？因为你很钦佩 Richter〔李赫特〕，所以我才怀疑你从前身体多摇动的习惯，不知不觉地又恢复过来，而且加强了。这个问题，我记得在第二十六（或二十七）信内和你提过，但你也至今不答复。

说到"不答复"，我又有了很多感慨。我自问：长篇累牍的给你写信，不是空唠叨，不是莫名其妙的 gossip〔说长道短〕，而是有好几种作用的。第一，我的确把你当作一个讨论艺术、讨论音乐的对手；第二，极想激出你一些青年人的感想，让我做父亲的得些新鲜养料，同时也可以间接传布给别的青年；第三，借通信训练你的——不但是文笔，而尤其是你的思想；第四，我想时时刻刻，随处给你做个警钟，做面"忠实的镜子"，不论在做人方面，在生活细节方面，在艺术修养方面，在演奏姿态方面。我做父亲的只想做你的影子，既要随时随地帮助你、保护你，又要不让你对这个影子觉得厌烦。但我这许多心愿，尽管我在过去的三十多封信中说了又说，你都似乎没有深刻的体会，因为你并没有适当的反应，就是说：尽量给我写信，"被动的"对我说的话或是表示赞成，或是表示异议，也很少"主动的"发表你的主张或感想——特别是从十二月以后。

你不是一个作家，从单纯的职业观点来看，固无须训练你的文笔。但除了多写之外，以你现在的环境，怎么能训练你的思想、你的理智、你的 intellect〔才智〕呢？而一个人思想、理智、intellect 的训练，总不能说不重要吧？多少读者来信，希望我多跟他们通信；可惜他们的程度与我相差太远，使我爱莫能助。你既然具备了足够的条件，可以和我谈各式各种的问题，也碰到我极热烈的渴望和你谈这些问题，而你偏偏很少利用！孩子，一个人往往对有在手头的东西（或是机会，或是环境，或是任何可贵的东西）不知珍惜，直到要失去了的时候再去后悔！这是人之常情，但我们不能因为是人之常情而宽恕我们自己的这种愚蠢，不想法去改正。

你不是抱着一腔热情，想为祖国、为人民服务吗？而为祖国、为人民服务是多方面的，并不限于在国外为祖国争光，也不限于用音乐去安慰人家——虽然这是你最主要的任务。我们的艺术家还需要把自己的感想、心得，时时刻刻传达给别人，让别人去作为参考的或者是批判的资料。你的将来，不光是一个演奏家，同时必须兼做教育家。所以你的思想，你的理智，更其需要训练，需要长时期的训练。我这个可怜的父亲，就在处处替你做这方面的准备，而且与其说是为你做准备，还不如说为中国音乐界做准备更贴切。孩子，一个人空有爱同胞的热情是没用的，必须用事实来使别人受到我的实质的帮助，这才是真正的道德实践。别以为我们要求你多写信是为了父母感情上的自私——其中自然也有一些，但绝不是主要的。你很知道你一生受人家的帮助是应当用行动来报答的，而从多方面去锻炼自己就是为报答人家做基本准备。

你现在弹琴有时还要包橡皮膏或涂 paraffineoil〔石蜡油〕么？是不是手放松了可以不损坏手指尖？

勃隆斯丹太太来信，要我祝贺你，她说："我从来没有怀疑过，哪怕是一小会儿，在这次比赛中他出类拔荟，勇争第一。聪真棒！凭着他的不懈努力（这是与坚强的意志不可分的）和聪明的才智（正如上帝赋予的那样），在相当短的时期内，几乎创造了奇迹！我真诚地希望聪在即将进入伟大艺术家生涯的大门，获得精神上的无限喜悦的同时，认识到前途充满了荆棘和艰辛。他个人获得成功的同时，也给予别人精神上巨大的振奋和无限的欢乐。"

…………

和你的话是谈不完的，信已经太长，妈妈怕你看得头昏脑涨，劝我结束。她觉得你不能回来一次，很遗憾。我们真是多么想念你啊！你放心，爸爸是相信你一切都很客观，冷静，对人的批评并非

意气用事；但是一个有些成就的人，即使事实上不骄傲，也很容易
被人认为骄傲的，（一个有些名和地位的人，就是这样的难做人！）
所以在外千万谨慎，说话处处保留些。尤其双方都用一种非祖国的
语言，意义轻重更易引起误会。

从五月八日写到五月九日

五月十一日

　　……孩子，别担心，你四月二十九、三十两信写得非常彻底，
你的情形都报告明白了。我们绝无误会。过去接不到你的信固然是
痛苦，可一旦有了你的长信，明白了底细，我们哪里还会对你有什
么不快，只有同情你，可怜你补写长信，又开了通宵的"夜车"，
使我们心里老大不忍。你出国七八个月，写回来的信并没什么过火
之处，偶尔有些过于相信人或是怀疑人的话，我也看得出来，也会
打些小折扣。一个热情的人，尤其是青年，过火是免不了的；只要
心地善良、正直，胸襟宽，能及时改正自己的判断，不固执己见，
那就很好了。你不必多责备自己，只要以后多写信，让我们多了解
你的情况，随时给你提提意见，那就比空自内疚、后悔挽救不了的
"以往"，有意思多了。你说写信退步，我们都觉得你是进步。你分
析能力比以前强多了，态度也和平得很。爸爸看文字多么严格，从
文字上挑剔思想又多么认真，不会随便夸奖你的。

　　你回来一次的问题，我看事实上有困难。即使大使馆愿意再向
国内请示、公文或电报往返，也需很长的时日，因为文化部外交部
决定你的事也要做多方面的考虑。耽搁日子是不可避免的。而等到

决定的时候，离联欢节已经很近，恐怕他们不大肯让你不在联欢节上参加表演，再说，便是让你回来，至早也要到六月底、七月初才能到家。而那时代表团已经快要出发，又要催你上道了。

以实际来说，你倘若为了要说明情形而回国，则大可不必，因为我已经完全明白，必要时我可以向文化部说明。倘若为了要和杰老师分手而离开一下波兰，那也并无作用。既然仍要回波学习，则调换老师是早晚的事，而早晚都得找一个说得过去的理由向杰老师做交代；换言之，你回国以后再去，仍要有个充分的借口方能离开杰老师。若这个借口，目前就想出来，则不回国也是一样。

以我们的感情来说，你一定懂得我们想见见你的心，不下于你想见见我们的心；尤其我恨不得和你长谈数日夜。可是我们不能只顾感情，我们不能不硬压着个人的愿望，而为你更远大的问题打算。

转苏学习一点，目前的确不很相宜。政府最先要考虑到邦交，你是波政府邀请去学习的，我政府正式接受之后，不上一年就调到别国，对波政府的确有不大好的印象。你是否觉得跟斯托姆卡学 technic〔技巧〕还是不大可靠？我的意思，倘若 technic〔技巧〕基本上有了 method〔方法〕，彻底改过了，就是已经上了正轨，以后的 technic〔技巧〕却是看自己长时期的努力了。我想经过三四年的苦功，你的 technic〔技巧〕不见得比苏联的一般水准（不说最出色的）差到哪里。即如 Harasiewicz〔哈拉谢维兹〕和 Smangianka〔斯曼齐安卡〕，前者你也说他技巧很好，后者我们亲自领教过了，的确不错。像 Askenasi〔阿什肯纳奇〕——这等人，天生在 technic〔技巧〕方面有特殊才能，不能作为一般的水准。所以你的症结是先要有一个好的方法，有了方法，以后靠你的聪明与努力，不必愁在这方面落后，即使不能希望和 Horowitz

〔霍洛维茨〕那样高明。因为以你的个性及长处，本来不是 virtuoso
〔以技巧精湛著称的演奏家〕的一型。总结起来，你现在的确非立刻
彻底改 technic〔技巧〕不可，但不一定非上苏联不可。将来倒是为
了音乐，需要在苏逗留一个时期。再者，人事问题到处都有，无论
哪个国家，哪个名教授，到了一个时期，你也会觉得需要更换，更
换的时节一定也有许多人事上及感情上的难处。

假定杰老师下学期调华沙是绝对肯定的，那么你调换老师很容
易解决。我可以写信给他，说"我的意思你留在克拉可夫比较环境
安静，在华沙因为中国代表团来往很多，其他方面应酬也多，对学
习不大相宜，所以总不能跟你转往华沙，觉得很遗憾，但对你过去
的苦心指导，我和聪都是十二分感激"等。（目前我听你的话，绝不
写信给他，你放心。）

假定杰老师调任华沙的事，可能不十分肯定，那么先要知道杰
老师和 Sztomka〔斯托姆卡〕感情如何。若他们不像 Levy〔莱维〕与
Long〔朗〕那样的对立，那么你可否很坦白、很诚恳的，直接向杰
老师说明，大意如下：

"您过去对我的帮助，我终生不能忘记。您对古典及近代作品
的理解，我尤其佩服得不得了。本来我很想跟您在这方面多多学习，
无奈我在长时期的、一再的反省之下，觉得目前最急切的是要彻底
的改一改我的 technic〔技巧〕，我的手始终没有放松；而我深切地
体会到方法不改将来很难有真正的进步，而我的年龄已经在音乐技
巧上到了一个 criticalage〔要紧关头〕，再不打好基础，就要来不及
了，所以我想暂时跟斯托姆卡先生把手的问题彻底解决。希望老师
谅解，我绝不是忘恩负义（ungrateful）；我的确很真诚地感谢您，以
后还要回到您那儿请您指导的。"我认为一个人只要真诚，总能打动

人的；即使人家一时不了解，日后仍会了解的。我这个提议，你觉得如何？因为我一生做事，总是第一坦白，第二坦白，第三还是坦白。绕圈子，躲躲闪闪，反易叫人疑心；你要手段，倒不如光明正大，实话实说，只要态度诚恳、谦卑、恭敬，无论如何人家不会对你怎的。我的经验，和一个爱弄手段的人打交道，永远以自己的本来面目对付，他也不会用手段对付你，倒反看重你的。你不要害怕，不要羞怯，不要不好意思；但话一定要说得真诚老实。既然这是你一生的关键，就得拿出勇气来面对事实，用最光明正大的态度来应付，无须那些不必要的顾虑，而不说真话！就是在实际做的时候，要注意措辞及步骤。只要你的感情是真实的，别人一定会感觉到，不会误解的。你当然应该向杰老师表示你的确很留恋他，而且有"鱼与熊掌不可得而兼"的遗憾。即使杰老师下期一定调任，最好你也现在就和他说明；因为至少六月份一个月你还可以和斯托姆卡学 technic〔技巧〕，一个月，在你是有很大出入的！

以上的话，希望你静静地想一想，多想几回。

另外你也可向 Ewa〔埃娃〕太太讨主意，你把实在的苦衷跟她谈一谈，征求她的意见，把你直接向杰老师说明的办法问问她。

最后，倘若你仔细考虑之后，觉得非转苏学习不能解决问题，那么只要我们的政府答应（只要政府认为在中波邦交上无影响），我也并不反对。

你考虑这许多细节的时候，必须心平气和，精神上很镇静，切勿烦躁，也切勿焦急。有问题终得想法解决，不要怕用脑筋。我历次给你写信，总是非常冷静、非常客观的。唯有冷静与客观，终能想出最好的办法。

对外国朋友固然要客气，也要阔气，但必须有分寸。像西卜太太之流，到处都有，你得提防。巴尔扎克小说中人物，不是虚造的。人的心理是：难得收到的礼，是看重的，常常得到的不但不看重，反而认为是应享的权利，临了非但不感激，倒容易生怨望。所以我特别要嘱咐你"有分寸"！

以下要谈两件艺术的技术问题：

恩德又跟了李先生学，李先生指出她不但身体动作太多，手的动作也太多，浪费精力之外，还影响到她的 technic〔技巧〕和 speed〔速度〕，以及 tone〔音质〕的深度。记得裘伯伯也有这个毛病，一双手老是扭来扭去。我顺便和你提一提，你不妨检查一下自己。关于身体摇摆的问题，我已经和你谈过好多次，你都没答复，下次来信务必告诉我。

其次是，有一晚我要恩德随便弹一支 Brahms〔勃拉姆斯〕的 *Intermezzo*〔《间奏曲》〕，一开场 tempo〔节奏〕就太慢，她一边哼唱一边坚持说不慢。后来我要她停止哼唱，只弹音乐，她弹了二句，马上笑了笑，把 tempo〔节奏〕加快了。由此证明，哼唱有个大缺点，容易使 tempo〔节奏〕不准确。哼唱是个极随意的行为，快些，慢些，吟哦起来都很有味道；弹的人一边哼一边弹，往往只听见自己哼的调子，觉得很自然很舒服，而没有留神听弹出来的音乐。我特别报告你这件小事，因为你很喜欢哼的。我的意思，看谱的时候不妨多哼，弹的时候尽量少哼，尤其在后来，一个曲子相当熟的时候，只宜于"默唱"，暗中在脑筋里哼。

此外，我也跟恩德提了以下的意见：

自己弹的曲子，不宜尽弹，而常常要停下来想想，想曲子的 picture〔意境，境界〕，追问自己究竟要求的是怎样一个境界，这是使你明白 what you want〔你想要什么〕，而且先在脑子里推敲曲子的结构、章法、起伏、高潮、低潮等。尽弹而不想，近乎 improvise〔即兴表演〕，弹到哪里算哪里，往往一个曲子练了二三个星期，自己还说不出哪一种 interpretation〔弹法〕最满意，或者是有过一次最满意的 interpretation〔弹法〕，而以后再也找不回来（这是恩德常犯的毛病）。假如照我的办法做，一定可能帮助自己的感情更明确而且稳定！

其次，到先生那儿上过课以后，不宜回来马上在琴上照先生改的就弹，而先要从头至尾细细看谱，把改的地方从整个曲子上去体会，得到一个新的 picture〔境界〕，再在琴上试弹，弹了二三遍，停下来再想再看谱，把老师改过以后的曲子的表达，求得一个明确的 picture〔境界〕。然后再在脑子里把自己原来的 picture〔境界〕与老师改过以后的 picture 做个比较，然后再在琴上把两种不同的境界试弹，细细听，细细辨，究竟哪个更好，还是部分接受老师的，还是全盘接受，还是全盘不接受。不这样做，很容易"只见其小，不见其大"，光照了老师的一字一句修改，可能通篇不连贯，失去脉络，弄得支离破碎，非驴非马，既不像自己，又不像老师，把一个曲子搞得一团糟。

我曾经把上述两点问李先生觉得如何，她认为是很内行的意见，不知你觉得怎样？你二十九信上说 Michelangeli〔米开兰琪利〕至少在"身如 rock〔磐石〕"一点上使我很向往。这是我对你的期望——最殷切的期望之一！唯其你有着狂热的感情，无穷的变化，我更希望你做到身如 rock〔磐石〕，像统率三军的主帅一样。这用不着老师讲，只消自己注意，特别在心理上，精神上，多多修养，做到能入能出的程度。你早已是"能入"了，现在需要努力的是"能出"！那我保证你对古典及近代作品的风格与精神，都能掌握得很好。

你来信批评别人弹的肖邦，常说他们 cold〔冷漠〕。我因此又

102

想起了以前的念头：欧洲自从十九世纪，浪漫主义在文学艺术各方面到了高潮以后，先来一个写实主义与自然主义的反动（光指文学与造型艺术言），接着在二十世纪前后更来了一个普遍的反浪漫底克思潮。这个思潮有两个表现：一是非常重感官（sensual），在音乐上的代表是 R. Strauss〔理查·施特劳斯〕，在绘画上是马蒂斯；一是非常的 intellectual〔理智〕，近代的许多作曲家都如此，绘画上的 Picasso〔毕加索〕亦可归入此类。近代与现代的人一反十九世纪的思潮，另走极端，从过多的感情走到过多的 mind〔理智〕的路上去了。演奏家自亦不能例外。肖邦是个半古典半浪漫底克的人，所以现代青年都弹不好。反之，我们中国人既没有上一世纪像欧洲那样的浪漫底克狂潮，民族性又是颇有 olympic〔奥林匹克〕（希腊艺术的最高理想）精神，同时又有不太过分的浪漫底克精神，如汉魏的诗人，如李白，如杜甫（李后主算是最 romantic〔浪漫底克〕的一个，但比起西洋人，还是极含蓄而讲究 taste〔品味，鉴赏力〕的），所以我们先天具备表达肖邦相当优越的条件。

我这个分析，你认为如何？

反过来讲，我们和欧洲真正的古典，有时倒反隔离得远一些。真正的古典是讲雍容华贵，讲 graceful〔雍容〕，elegant〔典雅〕，moderate〔中庸〕。但我们也极懂得 discreet〔含蓄〕，也极讲中庸之道，一般青年人和传统不亲切，或许不能抓握这些，照理你是不难体会得深刻的。有一点也许你没有十分注意，就是欧洲的古典还多少带些宫廷气味，路易十四式的那种宫廷气味。

对近代作品，我们很难和欧洲人一样的浸入机械文明，也许不容易欣赏那种钢铁般的纯粹机械的美，那种"寒光闪闪"的 brightness〔光芒〕，那是纯理智、纯 mind〔智性〕的东西。

…………

环境安静对你的精神最要紧。做事要科学化，要彻底！我恨不得在你身边，帮你解决并安排一切物质生活，让你安心学习，节省你的精力与时间，使你在外能够事半功倍，多学些东西，多把心思花在艺术的推敲与思索上去。一个艺术家若能很科学地处理日常生活，他对他人的贡献一定更大！

五月二日来信使我很难受。好孩子，不用焦心，我决不会怨你的，要说你不配做我的儿子，那我更不配做你父亲了。只要我能帮助你一些，我就得了最大的酬报。我真是要拿我所有的知识、经验、心血，尽量给你做养料，只要你把我每封信多看几遍，好好地思索几回，竭力吸收，"身体力行"地实践，我就快乐得难以形容了。

我又细细想了想杰老师的问题，觉得无论如何，还是你自己和他谈为妙。他年纪这么大，人生经验这么丰富，一定会谅解你的。倒是绕圈子，不坦白，反而令人不快。西洋人一般的都喜欢直爽。但你一定要切实表示对他的感激，并且声明以后还是要回去向他学习的。

这件事望随时来信商讨，能早一天解决，你的技巧就可早一天彻底改造。关于一面改技巧、一面练曲子的冲突，你想过没有？如何解决？恐怕也得向 Sztomka〔斯托姆卡〕先生请教请教，先做准备为妥。

六月十六日

……你现在对杰老师的看法也很对。"做人"是另外一个问题，与教学无关。对谁也不能苛求。你能继续跟杰老师上课，我很赞成，千万不要驼子摔跤，两头不着。有个博学的老师指点，总比自己摸索好，尽管他有些见解与你不同。但你还年轻，musical literature〔音乐文献〕的接触真是太有限了，乐理与曲体的知识又是几乎等于零，更需要虚心一些，多听听年长的，尤其是一个 scholarship〔学术成就，学问修养〕很高的人的意见。

有一点，你得时时刻刻记住：你对音乐的理解，十分之九是凭你的审美直觉；虽则靠了你的天赋与民族传统，这直觉大半是准确的，但究竟那是西洋的东西，除了直觉以外，仍需要理论方面的、逻辑方面的、历史发展方面的知识来充实；即使是你的直觉，也还要那些学识来加以证实，自己才能放心。所以便是以口味而论觉得格格不入的说法，也得采取保留态度，细细想一想，多辨别几时，再做断语。这不但对音乐为然，治一切学问都要有这个态度。所谓冷静、客观、谦虚，就是指这种实际的态度。

来信说学习主要靠 mind〔头脑〕、ear〔听力〕及敏感，老师的帮助是有限的。这是因为你的理解力强的缘故，一般弹琴的，十分之六七以上都是要靠老师的。这一点，你在波兰同学中想必也看得很清楚。但一个有才的人也有另外一个危机，就是容易自以为是的走牛角尖。所以才气越高，越要提防，用 solid〔扎扎实实〕的学识来充实，用冷静与客观的批评精神，持续不断地检查自己。唯有真正能做到这一步，而且终身地做下去，才能成为一个真正的艺术家。

一扯到艺术，一扯到做学问，我的话就没有完，只怕我写得太多，你一下子来不及咂摸。

来信提到 Chopin〔肖邦〕的 Berceuse〔《摇篮曲》〕的表达，很有意思。以后能多写这一类的材料，最欢迎。

还要说两句有关学习的话，就是我老跟恩德说的："要有耐性，不要操之过急。越是心平气和，越有成绩。时时刻刻要承认自己是笨伯，不怕做笨功夫，那就不会期待太切，稍不进步就慌乱了。"对你，第一要紧是安排时间，多多腾出无谓的"消费时间"，我相信假如你在波兰能像在家一样，百事不打扰，每天都有七八小时在琴上，你的进步一定更快！

我译的莫扎特的论文，有些地方措辞不大妥当，望切勿"以辞害意"。尤其是说到"肉感"，实际应该这样了解："使感官觉得愉快的。"原文是等于英文的 sensual〔感官上的〕。

十二月十一日夜

……"毛选"中的《实践论》及《矛盾论》，可多看看，这是一切理论的根底。此次寄你的书中，一部分是纯理论，可以帮助你对马列主义及辩证法有深切了解。为了加强你的理智和分析能力，帮助你头脑冷静，彻底搞通马列及辩证法是一条极好的路。我本来富于科学精神，看这一类书觉得很容易体会，也很有兴趣，因为事实上我做人的作风一向就是如此的。你感情重，理智弱，意志尤其弱，亟须从这方面多下功夫。否则你将来回国以后，什么事都要格外赶不上的。

住屋及钢琴两事现已圆满解决，理应定下心来工作。倘使仍觉得心绪不宁，必定另有原因，索性花半天工夫仔细检查一下，病根何在？查清楚了才好对症下药，廓清思想。老是蒙着自己，不正视现实，不正视自己的病根，而拖泥带水，不晴不雨地糊下去，只会给你精神上更大的害处。该拿出勇气来，彻底清算一下。

廓清思想，心绪平定以后，接着就该周密考虑你的学习计划：

把正规的学习和明春的灌片及南斯拉夫的演奏好好结合起来。事先多问问老师意见，不要匆促决定。决定后勿轻易更动。同时望随时来信告知这方面的情况。前信（51号）要你谈谈技巧与指法手法，与你今后的学习很有帮助：我们不是常常对自己的工作（思想方面亦然如此）需要来个"小结"吗？你给我们谈技巧，就等于你自己做小结。千万别懒洋洋地拖延！我等着。同时不要一次写完，一次写必有遗漏，一定要分几次写才写得完全；写得完全是表示你考虑得完全，回忆得清楚，思考也细致深入。你务必听我的话，照此办法做。这也是一般工作方法的极重要的一个原则。

…………

一九五六年

一月四日深夜

　　……埃娃根本忘了我最要紧的话，倒反缠夹了。临别那天，在锦江饭店我清清楚楚地，而且很郑重地告诉她说："我们对他很有信心，只希望他做事要有严格的规律，学习的计划要紧紧抓住。"骄傲，我才不担心你呢！有一回信里我早说过的，有时提到也无非是做父母的过分操心，并非真有这个忧虑。你记得吗？所以传话是最容易出毛病的。埃娃跑来跑去，太忙了，我当然不怪她。但我急于要你放心，爸爸绝不至于这样不了解你的。说句真话，我最怕的是：一、你的工作与休息不够正规化；二、你的学习计划不够合理；三、心情波动。

　　近半个月，我简直忙死了。电台借你的唱片，要我写些介绍材料。中共上海市委文艺部门负责人要我提供有关高级知识分子的情况，我一共提了三份，除了高级知识分子的问题以外，又提了关于音乐界和国画界的；后来又提了补充，昨天又写了关于少年儿童读物的；前后也有一万字左右。近三天又写了一篇《肖邦的少年时代》，长五千多字，给电台下个月在肖邦诞辰时广播。接着还得写一篇《肖邦的成年（或壮年，题未定）时代》。先后预备两小时的节目，分两次播，每次都播几张唱片做说明。这都要在事前把家中所有的两本肖邦的传记（法文本）全部看过，所以很费时间。

对你的音乐成绩，真能欣赏和体会的（指周围的青年人中）只有恩德一人。她毕竟聪明，这两年也很会用头脑思索。她前天拿了谱，又来听了一遍《玛祖卡》，感触更深，觉得你主要都在节奏上见功夫，表现你的诗情；说你在一句中间，前后的音符中间，有种微妙的吞吐，好像"欲开还闭"（是她说的）的一种竞争。学是绝对学不来，也学不得的，只能从总的方面领会神韵，抓住几个关键，懂得在哪些地方可以这样的伸缩一下，至于如何伸缩，那是必须以各人的个性而定的——你觉得她说得不错吗？她又说你在线条走动的时候，固然走得很舒畅，但难得的是在应该停留的地方或是重音上面能够收得住，在应该回旋的开头控制得非常好。恩德还说，你的演奏充满了你自己特有的感情，同时有每个人所感觉到的感情。这两句就是匈牙利的 Imre Ungar〔伊姆雷·温加尔〕说的，"处处叫人觉得是新的，但仍然是合于逻辑的。"可见能感受的艺术家，感受的能力都相差不远，问题是在于实践。恩德就是懂得那么多，而表白得出的那么少。

她随便谈到李先生教琴的种种，有一句话，我听了认为可以给你做参考。就是李先生常常埋怨恩德身子往前向键盘倾侧，说这个姿势自然而然会使人手臂紧张，力量加重，假如音乐不需要加强，你身子往前一倾，就会产生过分的效果。因为来信常常提起不能绝对放松，所以顺便告诉你这一点。还有李先生上回听了你的《玛祖卡》，马上说："我想阿聪身子是不摇动了，否则决不能控制得这样稳。"

无论你对灌片的成绩怎么看法，我绝对不会错认为你灌音的时候不郑重。去年四月初，你花了五天功夫灌这几支曲子，其认真可想而知。听说世界上灌片最疙瘩的是 Marguerite Long〔玛格丽特·朗〕，有一次，一个曲子直灌了八十次。还有 Toscanini〔托斯卡尼尼〕，常常不满意他的片子。有一回听到一套片子，说还好，一看原来就是他指挥的。

去年灌 Concerto〔《协奏曲》〕时，不知你前后弹了几次？是否乐队也始终陪着你常常重新来过？这二点望来信告知。我们都认为华沙乐队不行，与 solo〔独奏〕不够呼应紧密，倒是你的 solo〔独奏〕常常在尽力承上启下地照顾到乐队部分。

我劝你千万不要为了技巧而烦恼，主要是常常静下心来，细细思考，发掘自己的毛病，寻找毛病的根源，然后想法对症下药，或者向别的师友讨教。烦恼只有打扰你的学习，反而把你的技巧拉下来。共产党员常常强调：克服困难，要克服困难，先得镇定！只有多用头脑才能解决问题。同时也切勿操之过急，假如经常能有少许进步，就不要灰心，不管进步得多么少。而主要还在于内心的修养，性情的修养：我始终认为手的紧张和整个身心有关系，不能机械地把"手"孤立起来。练琴的时间必须正常化，不能少，也不能多；多了整个的人疲倦之极，只会有坏结果。要练琴时间正常，必须日常生活科学化，计划化，纪律化！假定有事出门，回来的时间必须预先肯定，在外面也切勿难为情，被人家随便多留，才能不打乱事先定好的日程。

…………

二十九日寄你两份《旅行家》，以后每期寄你。内容太精彩了，你不但可以看着消遣，还可以看到祖国建设的成绩和各方面新出的人才，真是令人兴奋。

父亲在这封信中提醒儿子，要合理规划时间，做到日常生活科学化、计划化、纪律化。这一点对我们也十分重要。回想一下，我们曾经制定了很多计划，有多少是坚决执行的呢？所以，要切记：合理计划、坚决执行！

一月二十日

亲爱的孩子：

昨天接一月十日来信，和另外一包节目单，高兴得很。第一，你心情转好了；第二，一个月由你来两封信，已经是十个多月没有的事了。只担心一件，一天十二小时的工作对身心压力太重。我明白你说的"十二小时绝对必要"的话，但这句话背后有一个很重要的原因：倘使你在十一十二两月中不是常常烦恼，每天保持——不多说——六七小时的经常练琴，我断定你现在就没有一天练十二小时的"必要"。你说是不是？从这个经验中应得出一个教训：以后即使心情有波动，工作可不能松弛。平日练八小时的，在心绪不好时减成六七小时，那是可以原谅的，也不至于如何妨碍整个学习进展。超过这个尺寸，到后来势必要加紧突击，影响身心健康。往者已矣，来者可追，孩子，千万记住：下不为例！何况正规工作是驱除烦恼最有效的灵药！我只要一上桌子，什么苦闷都会暂时忘掉。

…………

我九日航挂寄出的关于肖邦的文章二十页，大概收到了吧？其中再三提到他的诗意，与你信中的话不谋而合。那文章中引用的波兰作家的话（见第一篇《少年时代》3—4 页），还特别说明那"诗意"的特点。又文中提及的两支 *Valse*〔《圆舞曲》〕，你不妨练熟了，当作 encore piece〔加奏乐曲〕用。我还想到，等你南斯拉夫回来，应当练些肖邦的 *Prelude*〔《前奏曲》〕。这在你还是一页空白呢！等我有空，再弄些材料给你，关于 *Prelude*〔《前奏曲》〕的，关于肖邦的 piano method〔钢琴手法〕的。

《协奏曲》第二乐章的情调，应该一点不带感伤，如你来信所说，也如那篇文章所说的。你手下表现的 Chopin〔肖邦〕，的确毫无一般的感伤成分。我相信你所了解的是正确的，与他的精神很接近——当然谁也不敢说完全一致。你谈到他的 rubato〔速率伸缩处理〕与音色，比喻甚精彩。这都是很好的材料，有空随时写下来。一个人的思想，不动笔就不大会有系统；日子久了，也就放过去了，甚至于忘了，岂不可惜！就为这个缘故，我常常逼你多写信，这也是很重要的"理性认识"的训练。而且我觉得你是很能写文章的，应该随时练习。

你这一行的辛苦，当然辛苦到极点。就因为这个，我屡次要你生活正规化，学习正规化。不正规如何能持久？不持久如何能有成绩？如何能巩固已有的成绩？以后一定要安排好，控制得牢，万万不能"空"与"忙"调配得不匀，免得临时着急，日夜加工的赶任务。而且作品的了解与掌握，就需要长时期地慢慢消化、咀嚼、吸收。这些你都明白得很，问题在于实践！

　　这封信里，父亲与儿子谈论了处理心绪波动的方法，以及提高自己理性认识水平的方法，皆为经验之谈，对青年读者十分有益。

一月二十二日晚

亲爱的孩子：

　　今日周末，花了六小时给你弄了一些关于肖邦与德彪西的材料，关于 tempo rubato〔速度的伸缩处理〕的部分，你早已心领神会，不过看了这些文字更多一些引证罢了。他的 piano method〔钢琴手法〕，似乎与你小时候从 Paci〔百器〕那儿学的一套很像，恐怕是李斯特从 Chopin〔肖邦〕那儿学来，传给学生，再传到 Paci〔百器〕的。是否与你有帮助，不得而知。

前天早上听了电台放的 Rubinstein〔鲁宾斯坦〕弹的 *e Min. Concerto*〔《e 小调协奏曲》〕（当然是些灌音），觉得你的批评一点不错。他的 rubato〔音的长短顿挫〕很不自然；第三乐章的两段（比较慢的，出现过两次，每次都有三四句，后又转到 minor〔小调〕的），更糟不可言。转 minor〔小调〕的二小句也牵强生硬。第二乐章全无 singing〔抒情流畅之感〕。第一乐章纯是炫耀技巧。听了他的，才知道你弹的尽管 simple〔简单〕，music〔音乐感〕却是非常丰富的。孩子，你真行！怪不得斯曼齐安卡前年冬天在克拉可夫就说："想不到这支 *Concerto*〔《协奏曲》〕会有这许多 music〔音乐〕！"

今天寄你的文字中，提到肖邦的音乐有"非人世的"气息，想必你早体会到；所以太沉着不行，太轻灵而客观也不行。我觉得这一点近于李白，李白尽管飘飘欲仙，却不是德彪西那一派纯粹造型与讲气氛的。

二月八日

亲爱的孩子：

早想写信给你了，这一向特别忙。连着几天开会。小组讨论后又推我代表小组发言，回家就得预备发言稿；上台念起来，普通话不行，又须事先练几遍，尽量纠正上海腔。结果昨天在大会上发言，仍不免"蓝青"得很，不过比天舅舅他们的"蓝青"是好得多。开了会，回家还要做传达报告，我自己也有许多感想，一面和妈妈、阿敏讲，一面整理思想。北京正在开全国政协会，材料天天登出来；因为上海政协同时也开会，便没时间细看。但忙里抢看到一些，北京大会上的发言，有些很精彩，提的意见很中肯。上海这次政协开会，比去年五月大会的情况也有显著进步。上届大会是歌功颂德的空话多，这一回发言的人都谈到实际问题了。这样，开会才有意义，对自己，对人民，对党都有贡献。政府又不是要人成天捧场。但是人民的进步也是政府的进步促成的。因为首长的报告有了具体内容，大家发言也跟着有具体内容了。以后我理些材料寄你。

二月一日来信，六日晚就到了，这样快也是破天荒第一次。去捷克录音，单录肖邦，在我们总觉得美中不足。我还是鼓励你到那边跟他们商量一下，坚持一下，别的作品多少录一些。哪怕单是巴赫或韩德尔或贝多芬的一个曲子也好。希望你不要太不好意思！不要太随便让步！他们和艺术家接触多，艺术家的意见比较肯尊重；但若艺术家本人不坚持，那他们当然只凭他们的计划了。

勃隆斯丹太太有信来。她电台广播已有七八次。有一次是Schumann: *Concerto*〔舒曼：《协奏曲》〕和乐队合奏的，一次是Saint-Saens〔圣桑〕的 *g min. Concerto* (Op. 22，No. 2)〔《G小调协奏曲》（作品二十二之二）〕。她们生活很苦，三十五万人口的城市中有七百五十名医生，勃隆斯丹医生就苦啦。据说收入连付一部分家用开支都不够。有几句话她要我告诉你的：

听了斯坦番斯卡在加拿大举行的独奏音乐会后，勃隆斯丹夫人写道："在这之前，我没有听到有谁弹肖邦弹得这样细腻灵巧、精致典雅的；音色的变幻比她弹巴赫－布索尼《夏空》更宏丽；比她弹斯卡拉蒂和莫扎特的《奏鸣曲》更优雅更清澈。然而，这是无可厚非的，她弹的肖邦是远离尘世、无可比拟的……我跟她说聪曾是我最得意的学生。她和她丈夫，立刻就赞同聪是个天才，并且，带有一点民族自豪感谈及了去年春天，聪获得演奏《玛祖卡》最优的事情。在我提及聪时，斯坦番斯卡教授立刻高声大呼：'哦，我就是他在上海的那位老师啊！'我万分惊喜。显而易见，聪早就向他们谈到过我。"

…………

百代公司也有信来，说你对自己的批评，足见你要求的严格，更值得称赞；但他们认为你的批评是过分的，因为弹得实在有极高的 musicality〔对音乐的理解与鉴赏能力〕。他们也承认唱片质地不够好，那是波兰胶带上的毛病。正式片上可以稍为修改一些，"只要机器相当好，听来效果是可以满意的。"又希望将来你到巴黎去，在他们的 studio〔录音室〕中录，一定可以完美。我送给公司的《敦煌画集》，他们已收到，信中表示非常高兴，还说"我们为你和你儿子所尽的一些力，不值得受这样高的报酬"。百代公司又说正式片定于一月底出来。去年说过十月底的，拖到现在。所以虽说一月底，我仍不敢肯定他们会做到。又说他们的艺术部主任和他们的总经理，二月份要一同去 Praque〔布拉格〕与捷克唱片公司接洽巴黎发行权，说希望能把你在捷克灌的片子运到法国去。又说他们百代灌的你的唱片，以后要在世界上某些大城市里广播。

寄来的法、比、瑞士的材料，除了一份以外，字里行间，非常清楚的对第一名不满意，很明显是关于他只说得了第一名，多少钱；对他的演技一字不提。英国的报道也只提你一人。可惜这些是一般性的新闻报道，太简略。法国的《法国晚报》的话讲得最显明：

"不管奖金的金额多么高，也不能使一个二十岁的青年得到成熟与性格"——这句中文译得不好，还是译成英文吧："The prize in a competition, however high it may be, is not sufficient to give a pianist of 20 the maturity and personality." "尤其是头几名分数的接近，更不能说 the winner has won definitely〔冠军实至名归，冠军绝对领先〕。总而言之，将来的时间和群众会评定的。在我们看来，the revelation of V Competition of Chopin is the Chinese pianist Fou Ts'ong, who stands very highly above the other competitors by a refined culture and quite matured sensitivity.〔在第五届肖邦钢琴比赛中，才华毕露的是中国钢琴家傅聪，由于他优雅的文化背景与成熟的领悟能力，在全体参赛者之间，显得出类拔萃〕"这是几篇报道中，态度最清楚的。

这封信主要是对儿子在第五届肖邦钢琴比赛中所取得成绩的点评，虽充满了骄傲和自豪，但仍不忘实事求是，而非一味夸大其词。这种态度值得我们学习。

五月三十一日

亲爱的孩子：

十五日来信收到。杰老师信已复去。二十四日我把杰老师来信译成中文寄给文化部，也将原信打字附去一并请示。昨（三十日）接夏衍对我上月底去信的答复，特抄附。信中提到的几件事，的确值得你作为今后的警戒。我过去常常嘱咐你说话小心，但没有强调关于国际的言论，这是我的疏忽。嘴巴切不可畅，尤其在国外！对宗教的事，跟谁都不要谈。我们在国内也从不与人讨论此事。在欧洲，尤其犯忌。你必须深深体会到这些，牢记在心！对无论哪个外国人，提到我们自己的国家，也须特别保留。你即使对自己要求很严，并无自满情绪；但因为了解得多了一些，自然而然容易恃才傲物，引人误会。我自己也有这毛病，但愿和你共同努力来改掉。对波兰的音乐界，在师友同学中只可当面提意见；学术讨论是应当自由的，但不要对第三者背后指摘别人，更不可对别国的人批评波兰的音乐界。别忘了你现在并不是什么音乐界的权威！也勿忘了你在国内固然招忌，在波兰也未始不招忌。一个人越爬得高，越要在生活的各方面兢兢业业。你年轻不懂事，但只要有决心，凭你的理解力，学得懂事并不太难。

七月一日夜

亲爱的孩子：

今晚文化部寄来柴可夫斯基比赛手册一份，并附信说拟派你参加，征求我们意见。我已复信，说等问过你及杰老师后再行决定。比赛概要另纸抄寄，节目亦附上。原文是中文的，有的作家及作品，我不知道，故只能照抄中文的。好在波兰必有俄文、波文的，可以查看。我寄你是为你马上可看，方便一些。

关于此事，你特别要考虑下面几点：

一、国际比赛既大都以技巧为重，这次你觉得去参加合适不合适？此点应为考虑中心！

二、全部比赛至少要弹三支柴可夫斯基的作品，你近来心情觉得怎么样？你以前是不大喜欢他的。

三、第二轮非常吃重，其中第一二部分合起来要弹五个大型作品；以你现在的身体是否能支持？（当然第二轮的第二部分，你只需要练一支新的；但总的说来，第二轮共要弹七个曲子。）

四、你的理论课再耽误三个月是否相宜？这要从你整个学习计划来考虑。

五、不是明年、便是后年，法国可能邀请你去表演。若是明年来请，则一年中脱离两次正规学习是否相宜？学校方面会不会有意见？

以上五点望与杰老师详细商量后写信来。决定之前务必郑重，要处处想周到。

这封信主要是围绕是否参加文化部的比赛的事情，给儿子提出了五点需要考虑的问题。值得注意的是，父亲并没有独断专行，而是以询问、建议和协商的口吻提出，表现了对儿子的充分尊重。

十月二十五日 *

亲爱的聪：

接莫斯科寄来的明信片，相当快，你十七日发的，我们二十一日就收到了。虽然寥寥数语，可是给我们的安慰是莫大的，总算一件心事放下了。《中国青年报》上还登了你的消息，另外寄上。想去列宁格勒开音乐会的情况，你一定会告诉我们的，我们等着就是了。

……爸爸说，要你第一注意以后说话，千万不要太主观，千万不要有说服人的态度，这是最犯忌的。因为是你说得对，但是给人的印象只觉得你的骄傲自大，目中无人，好像天下只有你看得清、看得准，理由都是你的。还有一个大毛病，就是好辩，不论大小，都要辩，这也是犯忌的。希望你先把这两个毛病时加警惕随时改掉。有了意见不要乱发表，要学得含蓄些。这些话都是他切身感到的，以后他自己也要在这方面努力改变。最近爸爸没有空，过后要写长信给你的。

阿敏来信知道钱部长跟你谈了两小时，他只告诉我们说"周总理特别关照要同傅聪谈谈，他们已经摸过你的底，你是块大材，要你抱着超过世界水平的雄心，要你多接触群众，所以与别人不同，要下去五年"。不知还谈些什么，望你详细告诉我们。谈了两小时，内容一定很多，望你不要怕烦，多多告诉我们。

不知你回华沙后，学校对你怎样？功课是否已开始？这一年为时不多，可是对你来讲，非常重要，是一个大关键，你一定要抓紧时间，不能像在家里那样的懒散，生活要有规律，工作要有计划。杰老师那里，尽量多学。国家对你期望越大，你的责任越重。党是了解你的，爱护你的，要自重，好好努力，奋发用功，才能有所报于万一。还有波兰文，一定要搞好，你是有能力做好的。将来与老师通信，看波兰书籍，对你得益极大，千万不可推托没有时间，对人对己都说不过去，这一点傲性要有，不要给人笑话。

母亲在这封信里，提醒儿子要改掉"主观"和"好辩"的毛病。其实，这两点也是很多年轻人的通病。父母以自己的人生经历来时时提醒儿子，令其不断完善自己。

一九五八年

三月十七日

亲爱的孩子：

　　二月二十八日来信直花了十七天才到，真奇怪。来信谈及几点，
兹分别就我的看法说明如下：

　　一、资本主义国家与我们尚未建立外交关系（便是英国与我们，
虽互派代办，关系仍很微妙），向例双方文化艺术使节来往，都是由
本国的民间团体出面相互邀请的。比国直接向波兰学校提出，在国
际惯例上也是相当突兀的。因为你不是波兰人，而你去他国演出，
究竟要由本国政府同意。去年春天法国有文化团体来沪，其中一位
代表来看过我，我曾与他谈及你去法演出问题，应由他们以法中友
协一类的名义，向我们对外文协或音协等提出。便是来看我的那位
代表所隶属的来华文化团，也是由我们对外文协以民间团体名义请
他们，而非由政府出面的。便是五六年冬法国前总理富尔来访问，

也是应我国人民外交协会之邀。故文化部回示使馆的话，完全正确。你不妨向杰老师说明情况，最好由杰老师私人告诉比国，请他们以民间文艺团体名义，写信给中国对外文协或音协。

二、新民主主义国家的情形当然不同，他们是可以向当地我们的使馆提出的。倘提了几次无回音，你不妨向他们说："也许贵国的驻华使馆可以向我们外交部提出。"我觉得以你的地位这样答复人家，不至于犯什么错误。当然你也应同时说明，这是你个人的意思，究竟如何还得由他们自己考虑。这一段话你也不妨告诉杰老师，倘由杰老师方便时对保、南等国的音乐团体说明，比你自己说明更妥当。

三、苏联乐队来华访问，约你合作一事，值得仔细考虑。第一，这一下跟着他们跑，要费很多时间；中央是否允许你从头至尾和他们到处演出，临时仍会有变化。倘若回来好几个月，而只有极少时间是和苏联乐队合作，那就得事先想想清楚。第二，你的乐理、和声、波兰文的学习还落后很多，急需赶上去，没有时间可浪费。第三，即使假期内老师出门，你在波兰练曲子恐怕仍比在国内快一些，集中一些；而在你目前，最主要的是争取时间多学东西，因为不管你留波时间还有多少，原则上总是所剩有限了。第四，你今年究竟算学完不学完？学校方面的理论课来得及来不及考完？——（这些总不能半途而废吧？）——倘使五月中回国了，还要赶回波兰去应考，则对你准备考试有妨碍，对试前的学习也有妨碍。

基于以上理由，我觉得你需要郑重考虑。即使中央主动要你回来一次，你也得从全面学习及来回时间等方面想周到，向中央说明才对。末了，以后你再不能自费航空来回；为国家着想，航空票开支也太大，而火车来回对你的学习时间又有妨碍。总而言之，希望你全面想问题，要分出你目前的任务何者主要、何者次要；不要单从一个角度看问题。

　　这封信所谈之事看似不大，但因为涉及国家间的文化艺术交流，所以是十分重要的。国与国之间的交往，即使是机票、邀请信这样的小事，都要谨慎处理，维护国家利益。

一九五九年

十月一日

孩子：

十个月来我的心绪你该想象得到；我也不想千言万语多说，以免增加你的负担。你既没有忘怀祖国，祖国也没有忘了你，始终给你留着余地，等你醒悟。我相信：祖国的大门是永远向你开着的。

好多话，妈妈已说了，我不想再重复。但我还得强调一点，就是：适量的音乐会能刺激你的艺术，提高你的水平；过多的音乐会只能麻痹你的感觉，使你的表演缺少生气与新鲜感，从而损害你的艺术。你既把艺术看得比生命还重，就该忠于艺术，尽一切可能为保持艺术的完整而奋斗。这个奋斗中目前最重要的一个项目就是：不能只考虑需要出台的一切理由，而要多考虑不宜于多出台的一切理由。其次，千万别做经理人的摇钱树！他们的一千零一个劝你出台的理由，无非是趁艺术家走红的时期多赚几文，哪里是为真正的艺术着想！一个月七八次乃至八九次音乐会实在太多了，大大的太多了！长此以往，大有成为钢琴匠，甚至奏琴的机器的危险！你的节目存底很快要告罄的；细水长流才是办法。若是在如此繁忙的出台以外，同时补充新节目，则人非钢铁，不消数月，会整个身体垮下来的。没有了青山，哪还有柴烧？何况身心过于劳累就会影响到心情，影响到对艺术的感受。这许多道理想你并非不知道，为什么不挣扎起来，跟经理人商量——必要时还得坚持——减少一半乃至一半以上的音乐会呢？我猜你会回答我：目前都已答应下来，不能取消，取消了要赔人损失等。可是你能否把已定的音乐会一律推迟一些，中间多一些空隙呢？否则，万一临时病倒，还不是照样得取消音乐会？难道捐税和经理人的佣金真是奇重，你每次所得极微，所以非开这么多音乐会就活不了吗？来信既说已经站稳脚跟，那么一个月只登台一两次（至多三次）也不用怕你的名字冷下去。决定性的仗打过了，多打零星的不精彩的仗，除了浪费精力，报效经理人以外，毫无用处，不但毫无用处，还会因表演的不够理想而损害听众对你的印象。你如今每次登台都与国家面子有关；个人的荣辱得失事小，国家的荣辱得失事大！你既热爱祖国，这一点尤其不能忘了。为了身体，为了精神，为了艺术，为了国家的荣誉，你都不能不大大减少你的演出。为这件事，我从接信以来未能安睡，往往为此一夜数惊！

还有你的感情问题怎样了？来信一字未提，我们却一日未尝去心。我知道你的性格，也想象得到你的环境；你一向滥于用情；而即使不采主动，被人追求时也免不了虚荣心感到得意：这是人之常情，于艺术家为尤甚，因此更需警惕。你成年已久，到了二十五岁也该理性坚强一些了，单凭一时冲动的行为也该能多克制一些了。不知事实上是否如此？要找永久的伴侣，也得多用理智考虑勿被感情蒙蔽！情人的眼光一结婚就会变，变得你自己都不相信：事先要不想到这一着，必招后来的无穷痛苦。除了艺术以外，你在外做人方面就是这一点使我们操心。因为这一点也间接影响到国家民族的荣誉，英国人对男女问题的看法始终清教徒气息很重，想你也有所发觉，知道如何自爱了；自爱即所以报答父母，报答国家。

真正的艺术家，名副其实的艺术家，多半是在回想中和想象中过他的感情生活的。唯其能把感情生活升华才给人类留下这许多杰作。反复不已的、有始无终的，没有结果也不可能有结果的恋爱，只会使人变成唐·璜，使人变得轻薄，使人——至少——对爱情感觉麻痹，无形中流于玩世不恭；而你知道，玩世不恭的祸害，不说别的，先就使你的艺术颓废，假如每次都是真刀真枪，那么精力消耗太大，人寿几何，全部贡献给艺术还不够，怎容你如此浪费！歌德的《少年维特之烦恼》的故事，你总该记得吧。要是歌德没有这大智大勇，历史上也就没有歌德了。你把十五岁到现在的感情经历回想一遍，也会怅然若失了吧？也该从此换一副眼光、换一种态度、换一种心情来看待恋爱了吧？总之，你无论在订演出合同方面，在感情方面，在政治行动方面，主要得避免“身不由主”，这是你最大的弱点。在此举国欢腾，庆祝十年建国十年建设十年成就的时节，我写这封信的心情尤其感触万端，非笔墨所能形容。孩子，珍重，各方面珍重，千万珍重，千万自爱！

这封信所谈及的两个问题对我们今天的青年人仍有教育意义。其一，不可为了利益而透支艺术生命；其二，要正确对待爱情，不可沉溺于轻浮的感情生活之中，浪费时间，浪费生命。虽然时代不同，环境不同，但这两点依然值得我们铭记。

一九六〇年

一月十日

孩子：

看到国外对你的评论很高兴。你的好几个特点已获得一致的承认和赞许，例如你的 tone〔音质〕，你的 touch〔触键〕，你对细节的认真与对完美的追求，你的理解与风格，都已受到注意。有人说莫扎特《第二十七钢琴协奏曲》（K. 595）〔（作品五九五号）〕第一乐章是 healthy〔健康〕，extrovert allegro〔外向快板〕，似乎与你的看法不同，说那一乐章健康，当然没问题，说"外向"（extrovert）恐怕未必。另一批评认为你对 K. 595〔作品五九五号〕第三乐章的表达 "His sensibility is more passive than creative〔他的敏感性是被动的而非创造的〕"，与我对你的看法也不一样。还有人说你弹肖邦的 *Ballades*〔《叙事曲》〕和 *Scherzo*〔《诙谐曲》〕中某些快的段落太快了，以致妨碍了作品的明确性。这位批评家对你三月和十月的两次肖邦都有这个说法，不知实际情形如何？从这些评论看，好像英国人对莫扎特并无特别精到的见解。

以三十年前的法国情况做比，英国的音乐空气要普遍得多。固然，普遍不一定就是水平高，但质究竟是从量开始的。法国一离开巴黎就显得闭塞，空无所有；不像英国许多二等城市还有许多文化艺术活动。不过这是从表面看，实际上群众的水平，反应如何，要问你实地接触的人了。望来信告知大概。你在西欧住了一年，也跑了一年，对各国音乐界多少有些观感，我也想知道。便是演奏场子也不妨略叙一叙。例如以音响效果出名的 Festival Hall〔英国伦敦的节日音乐厅〕，究竟有什么特点等。

结合听众的要求和你自己的学习，以后你的节目打算向哪些方面发展？是不是觉得舒伯特和莫扎特目前都未受到应有的重视，加上你特别有心得，所以着重表演他们两个？你的普罗科菲耶夫和肖斯塔科维奇的奏鸣曲，都还没出过台，是否一般英国听众不大爱听现代作品？你早先练好的巴托克协奏曲是第几支？听说他的协奏曲以第三最时行。你练了贝多芬第一，是否还想练第三？弹过勃拉姆斯的大作品后，你对浪漫派是否感觉有所改变？对舒曼和弗兰克是否又恢复了一些好感？当然，终身从事音乐的人对那些大师可能一辈子翻来覆去要改变好多次态度；我这些问题只是想知道你现阶段的看法。

近来又随便看了些音乐书。有些文章写得很扎实，很客观。一个英国作家说到李斯特，有这么一段："我们不大肯相信，一个涂脂抹粉、带点俗气的姑娘会跟一个朴实无华的不漂亮的姊妹人品一样好；同样，我们也不容易承认李斯特的光华灿烂的钢琴奏鸣曲会跟舒曼或勃拉姆斯的棕色的和灰不溜秋的奏鸣曲一样精彩。"（见 *Heritage of Music-2nd Series*〔《音乐的遗产》〕第二集 P.196）接下去他断言那是英国人的清教徒气息作怪。他又说大家常弹的李斯特都是他早年的炫耀技巧的作品，给人一种条件反射，听见李斯特的名字就觉得俗不可耐；其实他的奏鸣曲是 puregold〔纯金〕，而后期的作品有些更是严峻到极点。这些话我觉得颇有道理。一个作家很容易被流俗歪曲，被几十年以至上百年的偏见埋没。那部 *Heritage of Music*〔《音乐的遗产》〕我有三集，值得一读，论肖邦的一篇也不错，论比才的更精彩，执笔的 Martin Cooper〔马丁·库柏〕在二月九日《每日电讯》上写过批评你的文章。"集"中文字深浅不一，需要细看，多翻字典，注意句法。

有几个人评论你的演奏都提到你身体瘦弱。由此可见你自己该如何保养身体，充分休息。今年夏天务必抽出一个时期去过暑假！来信说不能减少演出的理由，我很懂得，但除非为了生活所迫，下一届订合同务必比这一届合理减少一些演出。要打天下也不能急，要往长里看。养精蓄锐、精神饱满的打决定性的仗比零碎仗更有效。何况你还得学习，补充节目，注意其他方面的修养；除此之外，还要有充分的休息！

你不依靠任何政治经济背景，单凭艺术立足，这也是你对己对人对祖国的最起码而最主要的责任！当然极好，但望永远坚持下去，我相信你会坚持，不过考验你的日子还未来到。至此为止你尚未遇到逆境。真要过了贫贱日子才真正显出"贫贱不能移"！居安思危，多多锻炼你的意志吧。

节目单等随时寄来。法、比两国的评论有没有？你的 Steinway〔司丹威〕是七尺的？九尺的？几星期来闹病闹得更忙，连日又是重伤风又是肠胃炎，无力多写了。诸事小心，珍重珍重！

有这样一位阅历丰富、治学严谨、博学多才的父亲，儿子何其有幸！父亲的提醒和教导，必然会帮助儿子走向成功！

一九六三年

六月二日晚

聪，亲爱的孩子：

五月份拖泥带水，病病歪歪过去了。先是伤风，而后是咳嗽不已，引起抽筋，腰椎关节炎复发，晚上不能安睡，苦不堪言。也先后服了不少中药西药，用了喷雾等治疗，目前总算结束了。中间工作停了十天。吴伯伯（一峰）竭力劝我检查身体，前十天便去华东医院做了心电图、验血、拍肺部及腰椎胸椎的X光片子。结果是血沉太快，血压增高；腰胸椎是数十年前老毛病（当时并未觉得）发展出来的，成为"类风湿性关节炎"。情形不太严重，不需治疗，而我也早知此病中西医药都无办法；骨科医生只是要我注意休息，勿久坐久立。

你最近在伦敦的两场音乐会，要不是弥拉来信说明，我们几乎不明白真相。《曼彻斯特导报》的评论似乎有些分析，我是外行，不知其中可有几分说得对的？既然批评界敌意持续至一年之久，还是多分析分析自己，再多问问客观、中立、有高度音乐水平的人的意见。我知道你自我批评很强，但外界的敌意仍应当使我们对自己提高警惕：也许有些不自觉的毛病，自己和相熟的朋友们不曾看出。多探讨一下没有害处。若真正是批评界存心作对，当然不必介意。历史上受莫名其妙的指摘的人不知有多少，连伽利略、服尔德、巴尔扎克辈都不免，何况区区我辈！主要还是以君子之心度人，作为借鉴之助，对自己只有好处。老话说得好：是非自有公论，日子久了自然会黑白分明！

前面信中曾经提到过艺术家对于艺术批评的正确态度，这封信又再次强调：面对客观的批评，应当先从自身寻找原因，获得进步；面对恶意的批评，则不必在意，做好自己就好。

唯有艺术、学问不负人

艺术家最需要的，除了理智以外，还有一个"爱"字！

——傅雷

一九五四年

七月二十七日深夜／二十八日午夜

聪：

　　莫斯科的信昨天收到。我们寄波兰的航空信，不知一共要多少日子，下次来信望提一提。近来我忙得不可开交，又恢复了十小时以上的工作。这封信预算也要分几次写成。晚上睡觉不好，十二点多上床，总要一小时以后才入睡。原因是临睡前用脑过度，一时停不下来。

　　你车上的信写得很有趣，可见只要有实情、实事，不会写不好信。你说到李、杜的分别，的确如此。写实正如其他的宗派一样，有长处也有短处。短处就是雕琢太甚，缺少天然和灵动的韵致。但杜也有极浑成的诗，例如"风急天高猿啸哀，渚清沙白鸟飞回。无边落木萧萧下，不尽长江滚滚来……"这首胸襟意境都与李白相仿佛。还有《梦李白》《天末怀李白》几首，也是缠绵悱恻，至情至性，非常动人的。但比起苏、李的离别诗来，似乎还缺少一些浑厚古朴。这是时代使然，无法可想的。汉魏人的胸怀比较更近原始，味道浓，苍茫一片，千古之下，犹令人缅想不已。杜甫有许多田园诗，虽然受渊明影响，但比较之下，似乎也"隔"（王国维语）了一层。回过来说：写实可学，浪漫底克不可学；故杜可学，李不可学；国人谈诗的尊杜的多于尊李的，也是这个缘故。而且究竟像太白那样的天纵之才不多，共鸣的人也少。所谓曲高和寡也。同时，积雪的高峰也令人有"琼楼玉宇，高处不胜寒"之感，平常人也不敢随便瞻仰。

词人中苏、辛确是宋代两大家，也是我最喜欢的。苏的词颇有些咏田园的，那就比杜的田园诗洒脱自然了。此外，欧阳永叔的温厚蕴藉也极可喜，五代的冯延巳也极多佳句，但因人品关系，我不免对他有些成见。

……在外倘有任何精神苦闷，也切勿隐瞒，别怕受埋怨。一个人有个大二十几岁的人代出主意，决不会坏事。你务必信任我，也不要怕我说话太严，我平时对老朋友讲话也无顾忌，那是你素知的。并且有些心理波动或是郁闷，写了出来等于有了发泄，自己可痛快些，或许还可免做许多傻事。孩子，我真恨不得天天在你旁边，做个监护的好天使，随时勉励你，安慰你，劝告你，帮你铺平将来的路，准备将来的学业和人格。

二十七日深夜

上星期我替恩德讲《长恨歌》与《琵琶行》，觉得大有妙处。白居易对音节与情绪的关系悟得很深。凡是转到伤感的地方，必定改用仄声韵。《琵琶行》中"大弦嘈嘈""小弦切切"一段，好比staccato〔断音〕，像琵琶的声音极切；而"此时无声胜有声"的几句，等于一个长的 pause〔休止〕；"银瓶……水浆迸"两句，又是突然的 attack〔明确起音〕，声势雄壮。至于《长恨歌》，那气息的超脱，写情的不落凡俗，处处不脱帝皇的 nobleness〔雍容气派〕，更是千古奇笔。看的时候可以有几种不同的方法：一是分出段落看叙事的起伏转折；二是看情绪的忽悲忽喜，忽而沉潜，忽而飘逸；三是体会全诗音节与韵的变化。再从总的方面看，把悲剧送到仙界上去，更显得那段罗曼史的奇丽清新，而仍富于人间味（如太真对道士说的一番话）。还有白居易写动作的手腕也是了不起："侍儿扶起娇无力""君王掩面救不得""九华帐里梦魂惊"几段，都是何等生动！"九重城阙烟尘生，千乘万骑西南行"，写帝王逃难自有帝王气概。"翠华摇摇行复止"，又是多鲜明的图画！最后还有一点妙处：全诗写得如此婉转细腻，却仍不失其雍容华贵，没有半点纤巧之病（细腻与纤巧大不同）！明明是悲剧，而写得不过分的哭哭啼啼，多么中庸有度，这是浪漫底克兼有古典美的绝妙典型。

时间已经很晚，为让你早收到起见，明天先寄此信。我们都引颈而望，只等着你详尽的报告！尤其关于学琴的问题，写得越多越好。

二十八日午夜

这两次信主要与儿子谈论诗歌鉴赏，既展现了父亲深厚的古典文化基础，也表明父亲性格中喜爱浪漫的一面。父亲希望藉由古典诗词之美，对儿子的学业有所助益。

十一月二十三日夜

聪，亲爱的孩子：

多少天的不安，好几夜三四点醒来睡不着觉，到今日才告一段落。你的第八信和第七信相隔整整一个月零三天。我常对你妈说："只要是孩子工作忙而没写信或者是信在路上丢了，倒也罢了。我只怕他用功过度，身体不舒服，或是病倒了。"谢天谢地！你果然是为了太忙而少写信。别笑我们，尤其别笑你爸爸这么容易着急。这不是我能够克制的。天性所在，有什么办法？以后若是太忙，只要寥寥几行也可以，让我们知道你平安就好了。等到稍空时，再写长信，谈谈一切音乐和艺术的问题。

你为了俄国钢琴家兴奋得一晚睡不着觉；我们也常常为了些特殊的事而睡不着觉。神经锐敏的血统，都是一样的；所以我常常劝你尽量节制。那钢琴家是和你同一种气质的，有些话只能加增你的偏向。比如说每次练琴都要让整个人的感情激动。我承认在某些 romantic〔浪漫底克〕性格，这是无可避免的；但"无可避免"并不一定就是艺术方面的理想；相反，有时反而是一个大累！为了艺术的修养，在 heart〔感情〕过多的人还需要尽量自制。中国哲学的理想，佛教的理想，都是要能控制感情，而不是让感情控制。假如你能掀动听众的感情，使他们如醉如狂，哭笑无常，而你自己屹如泰山，像调度千军万马的大将军一样不动声色，那才是你最大的成功，才是到了艺术与人生的最高境界。你该记得贝多芬的故事，有一回他弹完了琴，看见听的人都流着泪，他哈哈大笑道："嘿！你们都是傻子。"艺术是火，艺术家是不哭的。这当然不能一蹴即成，尤其是你，但不能不把这境界作为你终生努力的目标。罗曼·罗兰心目中的大艺术家，也是这一派。

关于这一点，最近几封信我常与你提到，你认为怎样？

我前晌对恩德说："音乐主要是用你的脑子，把你朦朦胧胧的感情（对每一个乐曲，每一章，每一段的感情）分辨清楚，弄明白你的感觉究竟是怎么一回事；等到你弄明白了，你的境界十分明确了，然后你的 technic〔技巧〕自会跟踪而来的。"你听听，这话不是和 Richter〔李赫特〕说的一模一样吗？我很高兴，我从一般艺术上了解的音乐问题，居然与专门音乐家的了解并无分别。

技巧与音乐的宾主关系，你我都是早已肯定了的；本无须逢人请教，再在你我之间讨论不完，只因为你的技巧落后，存了一个自卑感，我连带也为你操心；再加近两年来国内为什么 school〔学派〕，什么派别，闹得惶惶然无所适从，所以不知不觉对这个问题特别重视起来。现在我深信这是一个魔障，凡是一天到晚闹技巧的，就是艺术工匠而不是艺术家。一个人跳不出这一关，一辈子也休想梦见艺术！艺术是目的，技巧是手段：老是只注意手段的人，必然会忘了他的目的。甚至一些有名的 virtuoso〔演奏家，演奏能手〕也犯这个毛病，不过程度高一些而已。

你到处的音乐会，据我推想，大概是各地的音乐团体或是交响乐队来邀请的，因为十一月至明年四五月是欧洲各地的音乐节。你是个中国人，能在 Chopin〔肖邦〕的故国弹好 Chopin〔肖邦〕，所以他们更想要你去表演。你说我猜得对不对？

昨晚陪你妈妈去看了昆剧：比从前差多了。好几出戏都被"戏改会"改得俗滥，带着绍兴戏的浅薄的感伤味儿和骗人眼目的花花绿绿的行头。还有是太卖弄技巧（武生）。陈西禾也大为感慨，说这个才是"纯技术观点"。其实这种古董只是音乐博物馆与戏剧博物馆里的东西，非但不能改，而且不需要改。它只能给后人做参考，本身已没有前途，改它干吗？改得好也没意思，何况是改得"点金成铁"！

这封信里对艺术与技巧的关系做了精辟的论述：艺术是目的，技巧是手段；老是只注意手段的人，必然会忘了他的目的。这也适用于我们平时的学习和工作，过于注重技巧而忘记了知识本身的积累，必然学不到精髓所在。

十二月三十一日晚

寄你的书里，《古诗源选》《唐五代宋词选》《元明散曲选》前面都有序文，写得不坏；你可仔细看，而且要多看几遍；隔些日子温温，无形中可以增加文学史及文学体裁的学识，和外国朋友谈天，也多些材料。谈词、谈曲的序文中都提到中国固有音乐在隋唐时已衰敝，宫廷盛行外来音乐；故真正古乐府（指魏晋两汉的）如何唱法在唐时已不可知。这一点不但是历史知识，而且与我们将来创作音乐也有关系。换句话说，非但现时不知唐宋人如何唱诗、唱词，即使知道了也不能说那便是中国本土的唱法。至于龙沐勋氏在序中说"唐宋人唱诗唱词，中间常加'泛音'，这是不应该的"（大意如此）；我认为正是相反；加泛音的唱才有音乐可言。后人把泛音填上实字，反而是音乐的大阻碍。昆曲之所以如此费力、做作，中国音乐被文字束缚到如此地步，都是因为古人太重文字，不大懂音乐；懂音乐的人又不是士大夫，士大夫视音乐为工匠之事，所以弄来弄去，发展不出。汉魏之时有《相和歌》，明明是 duet〔二重唱〕的雏形，倘能照此路演进，必然早有 polyphonic〔复调的〕的音乐。不料《相和歌》辞不久即失传，故非但无 polyphony〔复调音乐〕，连 harmony〔和声〕也产生不出。真是太可惜了。

文化部决定要办一声乐研究所，叫林伯伯主持。他来信和我再三商榷，决定暂时回上海跟王鹏万医生加深研究喉科医术，一方面教学生，做实验，待一二年后再办声乐研究所。目前他一个人唱独角戏，如何教得了二三十个以上的学生？他的理论与实验也还不够，多些时间研究，当然可以更成熟；那时再拿出来问世，才有价值。

顾圣婴暑假后已进乐队，三个月后上面忽然说她中学毕业不进音院，思想有问题，不要她了。这也是岂有此理，大概又是人事科搅出来的。

昨晚请唐云来吃夜饭，看看古画，听他谈谈，颇学得一些知识。此人对艺术甚有见地，人亦高雅可喜，为时下国画家中不可多得之才；可惜整天在美协办公、打杂，创作大受影响。艺术家与行政工作，总是不两立的。不多谈了，希望你多多养神，勿太疲劳！

通过对别人遭遇之事的评论，表达了自己的观点：术业有专攻，从事艺术工作与行政工作也不能够兼顾，需得做好选择。

一九五六年

二月二十九日夜

亲爱的孩子：

昨天整理你的信，又有些感想。

关于莫扎特的话，例如说他天真、可爱、清新等，似乎很多人懂得；但弹起来还是没有那天真、可爱、清新的味儿。这道理，我觉得是"理性认识"与"感情深入"的分别。感性认识固然是初步印象，是大概的认识；理性认识是深入一步，了解到本质。但是艺术的领会，还不能以此为限。必须再深入进去，把理性所认识的，用心灵去体会，才能使原作者的悲欢喜怒化为你自己的悲欢喜怒，使原作者每一根神经的震颤都在你的神经上引起反响。否则即使道理说了一大堆，仍然是隔了一层。一般艺术家的偏于 intellectual〔理智〕，偏于 cold〔冷静〕，就因为他们停留在理性认识的阶段上。

比如你自己，过去你未尝不知道莫扎特的特色，但你对他并没发生真正的共鸣；感之不深，自然爱之不切了；爱之不切，弹出来当然也不够味儿；而越是不够味儿，越是引不起你兴趣。如此循环下去，你对一个作家当然无从深入。

这一回可不然，你的确和莫扎特起了共鸣，你的脉搏跟他的脉搏一致了，你的心跳和他的同一节奏了；你活在他的身上，他也活在你身上；你自己与他的共同点被你找出来了，抓住了，所以你才会这样欣赏他，理解他。

由此得到一个结论：艺术不但不能限于感性认识，还不能限于理性认识，必须要进行第三步的感情深入。换言之，艺术家最需要的，除了理智以外，还有一个"爱"字！所谓赤子之心，不但指纯洁无邪，指清新，而且还指爱！法文里有句话叫作"伟大的心"，意思就是"爱"。这"伟大的心"几个字，真有意义。而且这个爱绝不是庸俗的、婆婆妈妈的感情，而是热烈的、真诚的、洁白的、高尚的、如火如荼的、忘我的爱。

从这个理论出发，许多人弹不好东西的原因都可以明白了。光有理性而没有感情，固然不能表达音乐；有了一般的感情而不是那种火热的同时又是高尚、精练的感情，还是要流于庸俗；所谓 sentimental〔滥情，伤感〕，我觉得就是指的这种庸俗的感情。

一切伟大的艺术家（不论是作曲家，是文学家，是画家……）必然兼有独特的个性与普遍的人间性。我们只要能发掘自己心中的人间性，就找到了与艺术家沟通的桥梁。再若能细心揣摩，把他独特的个性也体味出来，那就能把一件艺术品整个儿了解了。当然不可能和原作者的理解与感受完全一样，了解的多少、深浅、广狭，还是大有出入；而我们自己的个性也在中间发生不小的作用。

大多数从事艺术的人，缺少真诚。因为不够真诚，一切都在嘴里随便说说，当作唬人的幌子，装自己的门面，实际只是拾人牙慧，并非真有所感。所以他们对作家决不能深入体会，先是对自己就没有深入分析过。这个意思，克利斯朵夫（在第二册内）也好像说过的。

真诚是第一把艺术的钥匙。知之为知之，不知为不知。真诚的"不懂"，比不真诚的"懂"，还叫人好受些。最可厌的莫如自以为是，自作解人。有了真诚，才会有虚心，有了虚心，才肯丢开自己去了解别人，也才能放下虚伪的自尊心去了解自己。建筑在了解自己了解别人上面的爱，才不是盲目的爱。

而真诚是需要长时期从小培养的。社会上，家庭里，太多的教训使我们不敢真诚，真诚是需要很大的勇气做后盾的。所以做艺术家先要学做人。艺术家一定要比别人更真诚，更敏感，更虚心，更勇敢，更坚忍，总而言之，要比任何人都 less imperfect〔较少不完美之处〕！

好像世界上公认有个现象：一个音乐家（指演奏家）大多只能限于演奏某几个作曲家的作品。其实这种人只能称为演奏家而不是艺术家。因为他们的胸襟不够宽广，容受不了广大的艺术天地，接受不了变化无穷的形与色。假如一个人永远能开垦自己心中的园地，了解任何艺术品都不应该有问题的。

有件小事要和你谈谈。你写信封为什么老是这么不 neat〔干净〕？日常琐事要做得 neat〔干净〕，等于弹琴要讲究干净是一样的。我始终认为做人的作风应当是一致的，否则就是不调和；而从事艺术的人应当最恨不调和。我这回附上一小方纸，还比你用的信封小一些，照样能写得很宽绰。你能不能注意一下呢？以此类推，一切小事养成这种 neat〔干净〕的习惯，对你的艺术无形中也有好处。

因为无论如何细小不足道的事，都反映出一个人的意识与性情。修改小习惯，就等于修改自己的意识与性情。所谓学习，不一定限于书本或是某种技术；否则"随时随地都该学习"这句话，又怎么讲呢？我想你每次接到我的信，连寄书谱的大包，总该有个印象，觉得我的字都写得整整齐齐、清楚明白吧！

这封信里谈了要成为一名艺术家所要必备的条件：要将感性认识同理性认识结合起来，并进行深化；要有一颗对艺术真诚的心；要有宽广的胸襟去探索艺术。虽是在谈艺术，但对我们也有借鉴意义。

一九六〇年

八月五日

孩子：

　　两次妈妈给你写信，我都未动笔，因为身体不好，精力不支。不病不头痛的时候本来就很少，只能抓紧时间做些工作；工作完了已筋疲力尽，无心再做旁的事。人老了当然要百病丛生，衰老只有早晚之别，绝无不来之理，你千万别为我担忧。我素来对生死看得极淡，只是鞠躬尽瘁，活一天做一天工作，到有一天死神来叫我放下笔杆的时候才休息。如是而已。弄艺术的人总不免有烦恼，尤其是旧知识分子处在这样一个大时代。你虽然年轻，但是从我这儿沾染的旧知识分子的缺点也着实不少。但你四五年来的来信，总说一投入工作就什么烦恼都忘了；能这样在工作中乐以忘忧，已经很不差了。我们二十四小时之内，除了吃饭睡觉总是工作的时间多，空闲的时间少；所以即使烦恼，时间也不会太久，你说是不是？不过劳逸也要调节得好：你弄音乐，神经与感情特别紧张，一年下来也该彻底休息一下。暑假里到乡下去住个十天八天，不但身心得益，便是对你的音乐感受也有好处。何况入国问禁，入境问俗，对他们的人情风俗也该体会观察。老关在伦敦，或者老是忙忙碌碌在各地奔走演出，一点不接触现实，并不相宜。见信后望立刻收拾行装，出去歇歇，即是三五天也是好的。

你近来专攻斯卡拉蒂，发现他的许多妙处，我并不奇怪。这是你喜欢韩德尔以后必然的结果。斯卡拉蒂的时代，文艺复兴在绘画与文学园地中的花朵已经开放完毕，开始转到音乐；人的思想感情正要求在另一种艺术中发泄，要求更直接刺激感官，比较更缥缈更自由的一种艺术，就是音乐，来满足它们的需要。所以当时的音乐作品特别有朝气，特别清新，正如文艺复兴前期绘画中的波提切利。而且音乐规律还不像十八世纪末叶严格，有才能的作家容易发挥性灵。何况欧洲的音乐传统，在十七世纪时还非常薄弱，不像绘画与雕塑早在古希腊就有登峰造极的造诣（雕塑在公元前六至四世纪，绘画在公元前一世纪至公元后一世纪）。一片广大无边的处女地正有待于斯卡拉蒂及其以后的人去开垦。写到这里，我想你应该常去大英博物馆，那儿的艺术宝藏可说一辈子也享受不尽；为了你总的（全面的）艺术修养，你也该多多到那里去学习。

我因为病的时候多，只能多接触艺术，除了原有的旧画以外，无意中研究起碑帖来了：现在对中国书法的变迁源流，已弄出一些眉目，对中国整个艺术史也增加了一些体会；可惜没有精神与你细谈。提到书法，忽然想起你在四月号《音乐与音乐家》杂志上的签字式，把聪字写成"聪"。须知末一笔不能往下拖长，因为行书草书，"一"或"〰"才代表"心"字，你只能写成"聪"或"聪"。

末一笔可以流露一些一笔锋的余波，例如"**強**"或"**強**"，但切不可余锋太多，变成往下拖的一只脚。望注意。

　　你以前对英国批评家的看法，太苛刻了些。好的批评家和好的演奏家一样难得；大多数只能是平平庸庸的"职业批评家"。但寄回的评论中有几篇的确写得很中肯。例如五月七日 *Manchester Guardian*〔《曼彻斯特卫报》〕上署名 J. H. Elliot〔埃利奥特〕写的《从东方来的新的启示》(*New Light from the East*)，说你并非完全接受西方音乐传统，而另有一种清新的前人所未有的观点。又说你离开西方传统的时候，总是以更好的东西去代替；而且即使是西方文化最严格的卫道者也不觉你的脱离西方传统有什么"乖张""荒诞"，炫耀新奇的地方。这是真正理解到了你的特点。你能用东方人的思想感情去表达西方音乐，而仍旧能为西方最严格的卫道者所接受，就表示你的确对西方音乐有了一些新的贡献。我为之很高兴。且不说这也是东风压倒西风的表现之一，并且正是中国艺术家对世界文化应尽的责任；唯有不同种族的艺术家，在不损害一种特殊艺术的完整性的条件之下，能灌输一部分新的血液进去，世界的文化才能愈来愈丰富，愈来愈完满，愈来愈光辉灿烂。希望你继续往这条路上前进！还有一月二日 *Hastings Observer*〔《黑斯廷斯观察家报》〕上署名 Allan Biggs〔阿伦·比格斯〕写的一篇评论，显出他是衷心受了感动而写的，全文没有空洞的赞美，处处都着着实实指出好在哪里。看来他是一位年纪很大的人了，因为他说在一生听到的上千钢琴家中，只有 Pachmann〔派克曼〕与 Moiseiwitsch〔莫依塞维奇〕两个，有你那样的魅力。Pachmann 已经死了多少年了，而且他听到过"上千"钢琴家，准是个苍然老叟了。关于你唱片的专评也写得好。

　　要写的中文不洋化，只有多写。写的时候一定打草稿，细细改过。除此以外并无别法。特别把可要可不要的字剔干净。

身在国外，靠艺术谋生而能不奔走于权贵之门，当然使我们安慰。我相信你一定会坚持下去。这点儿傲气也是中国艺术家最优美的传统之一，值得给西方做个榜样。可是别忘了一句老话：岁寒而后知松柏之后凋。你还没经过"岁寒"的考验，还得对自己提高警惕才好！一切珍重！千万珍重！

虽然身体不适，但每每谈及艺术，父亲都有很多观点与儿子讨论，展现出父亲渊博的学识。父子之间的探讨也告诉我们一个道理：无论什么学问，都要深入其中，亲身实践，才能得其奥义，并且化为己有。

十二月二日

亲爱的孩子：

因为闹关节炎，本来这回不想写信，让妈妈单独执笔；但接到你去维也纳途中的信，有些艺术问题非由我亲自谈不可，只能撑起来再写。知道你平日细看批评，觉得总能得到一些好处，真是太高兴了。有自信同时又能保持自我批评精神，的确如你所说，是一切艺术家必须具备的重要条件。你对批评界的总的看法，我完全同意；而且是古往今来真正的艺术家一致的意见。所谓"文章千古事，得失寸心知"！往往自己认为的缺陷，批评家并不能指出，他们指出的倒是反映批评家本人的理解不够或者纯属个人的好恶，或者是时下的风气和流俗的趣味。从巴尔扎克到罗曼·罗兰，都一再说过这一类的话。因为批评家也受他气质与修养的限制（单从好的方面看），艺术家胸中的境界没有完美表现出来时，批评家可能完全捉摸不到，而只感到与习惯的世界抵触；便是艺术家的理想真正完美地表现出来了，批评家囿于成见，也未必马上能发生共鸣。例如雨果早期的戏剧，比才的《卡门》，德彪西的《贝莱阿斯与梅利桑特》。但即使批评家说的不完全对头或竟完全不对头，也会有一言半语引起我们的反省，给我们一种 inspiration〔灵感〕，使我们发现真正的缺点，或者另外一个新的角落让我们去追求，再不然是使我们联想到一些小枝节可以补充、修正或改善——这便是批评家之言不可尽信，亦不可忽视的辩证关系。

来信提到批评家音乐听得太多而麻痹，确实体会到他们的苦处。同时我也联想到演奏家太多沉浸在音乐中和过度的工作或许也有害处。追求完美的意识太强太清楚了，会造成紧张与疲劳，反而妨害原有的成绩。你灌唱片特别紧张，就因为求全之心太切。所以我常常劝你劳逸要有恰当的安排，最要紧维持心理的健康和精神的平衡。一切做到问心无愧，成败置之度外，才能临场指挥若定，操纵自如。也切勿刻意求工，以免画蛇添足，丧失了 spontaneity〔真趣〕；理想的艺术总是如行云流水一般自然，即使是慷慨激昂也像夏日的疾风猛雨，好像是天地中必然有的也是势所必然的境界。一露出雕琢和斧凿的痕迹，就变为庸俗的工艺品而不是出于肺腑，发自内心的艺术了。我觉得你在放松精神一点上还大有可为。不妨减少一些工作，增加一些深思默想，看看效果如何。别老说时间不够；首先要从日常生活的琐碎事情上——特别是梳洗穿衣等，那是我几年来常嘱咐你的——节约时间，挤出时间来！要不工作，就痛快休息，切勿拖拖拉拉在日常猥琐之事上浪费光阴。不妨多到郊外森林中去散步或者上博物馆欣赏名画，从造型艺术中去求恬静闲适。你实在太劳累了！……你知道我说的休息绝不是懒散，而是调节你的身心，尤其是神经（我一向认为音乐家的神经比别的艺术家更需要保护：这也是有科学与历史根据的），目的仍在于促进你的艺术，不过用的方法比一味苦干更合理更科学而已！

你的中文并不见得如何退步，你不必有自卑感。自卑感反会阻止你表达的流畅。Do take it easy!〔放松些，慢慢来！〕主要是你目前的环境多半要你用外文来思想，也因为很少有机会用中文讨论文艺、思想等问题。稍缓我当寄一些旧书给你，让你温习温习词汇和句法的变化。我译的旧作中，《嘉尔曼》和服尔德的文字比较最洗练简洁，可供学习。新译不知何时印，印了当然马上寄。但我们纸张不足，对十九世纪的西方作品又经过批判与重新估价，故译作究竟哪时会发排，完全无法预料。

其实多读外文书（写得好的），也一样能加强表达思想的能力。我始终觉得一个人有了充实丰富的思想，不怕表达不出。Arthur Hedley〔亚瑟·赫德利〕写的 Chopin〔《肖邦传》〕在 Master Musician〔音乐大师〕丛书内容甚好，文字也不太难。第十章提到 Chopin〔肖邦〕的演奏，有些字句和一般人对你的评论很相近。

去波兰前我为你手抄的旧诗选还在吗？

Taine〔丹纳〕：Philosophie De L'art〔《艺术哲学》〕的英译本，不妨买来先读，要读得慢一些。要等我的译本到你手中，实在是时间太无把握了。丹纳论希腊及意大利文艺复兴真是好极。

正确看待批评家对艺术家的评论，虽然他们不一定准确，但仍有借鉴之处。同时反复叮嘱儿子要注音调节情绪，注意休息，放松心情。无论艺术还是生活都倾注了父亲的爱。

一九六一年

二月五日上午／六日上午／七日／七日晚／八日晨

亲爱的孩子：

上月二十四日宋家婆婆突然病故，卧床不过五日。初时只寻常小恙，到最后十二小时才急转直下。人生脆弱一至于此！我和你妈妈为之四五天不能入睡，伤感难言。古人云秋冬之际，尤难为怀；人过中年也是到了秋冬之交，加以体弱多病，益有草木零落，兔死狐悲之感。但西方人年近八旬尚在孜孜矻矻，穷究学术，不知老之"已"至：究竟是民族年轻，生命力特别旺盛，不若数千年一脉相承之中华民族容易衰老欤？抑是我个人未老先衰，生意索然欤？想到你们年富力强，蓓蕾初放，艺术天地正是柳暗花明，窥得无穷妙境之时，私心艳羡，岂笔墨所能尽宣！

因你屡屡提及艺术方面的希腊精神（Hellenism），特意抄出丹纳《艺术哲学》中第四编"希腊雕塑"译稿六万余字，钉成一本。原书虽有英译本，但其中神话、史迹、掌故太多，倘无详注，你读来不免一知半解；我译稿均另加笺注，对你方便不少。我每天抄录一段，前后将近一月方始抄完第四编。奈海关对寄外文稿检查甚严，送去十余日尚无音信，不知何时方能寄出，亦不知能寄出否。思之怅怅。此书原系一九五七年"人文"向我特约，还是王任叔来沪到我家当面说定，我在一九五八至一九五九年间译完，已搁置一年八个月。目前纸张奇紧，一时绝无付印之望。

在一切艺术中，音乐的流动性最为凸出，一则是时间的艺术，二则是刺激感官与情绪最剧烈的艺术，故与个人的 mood〔情绪〕关系特别密切。对乐曲的了解与感受，演奏者不但因时因地因当时情绪而异，即一曲开始之后，情绪仍在不断波动，临时对细节、层次、强弱、快慢、抑扬顿挫，仍可有无穷变化。听众对某一作品平日皆有根据素所习惯与听熟的印象构成的"成见"，而听众情绪之波动，亦复与演奏者无异：听音乐当天之心情固对其音乐感受大有影响，即乐曲开始之后，亦仍随最初乐句所引起之反应而连续发生种种情绪。此种变化与演奏者之心情变化皆非事先所能预料，亦非临时能由意识控制。可见演奏者每次表现之有所出入，听众之印象每次不同，皆系自然之理。演奏家所以需要高度的客观控制，以尽量减少一时情绪的影响；听众之需要高度的冷静的领会；对批评家之言之不可不信亦不能尽信，都是从上面几点分析中引申出来的结论。音乐既是时间的艺术，一句弹完，印象即难以复按；事后批评，其正确性大有问题；又因为是时间的艺术，故批评家固有之（对某一作品）成见，其正确性又大有问题。况执着旧事物、旧观念、旧形象，排斥新事物、新观念、新印象，原系一般心理，故演奏家与批评家之距离特别大。不若造型艺术，如绘画、雕塑、建筑，形体完全固定，作者自己可在不同时间不同心情之下再三复按，观众与批评家亦可同样复按，重加审查，修正原有印象与过去见解。

按诸上述种种，似乎演奏与批评都无标准可言。但又并不如此。演奏家对某一作品演奏至数十百次以后，无形中形成一比较固定的轮廓，大大地减少了流动性。听众对某一作品听了数十遍以后，也有一个比较稳定的印象——尤其以唱片论，听了数十百次必然会得出一个接近事实的结论。各种不同的心情经过数十次的中和、修正，各个极端相互抵消以后，对某一固定乐曲（既是唱片，则演奏是固定的了，不是每次不同的了，而且可以尽量复按复查）的感受与批评可以说有了平均的、比较客观的价值。个别的听众与批评家，当然仍有个别的心理上精神上气质上的因素，使其平均印象尚不能称为如何客观；但无数"个别的"听众与批评家的感受与印象，再经过相当时期的大交流（由于报章杂志的评论，平日交际场中的谈话，半学术性的讨论争辩而形成的大交流）之后，就可得出一个 average〔平均〕的总和。这个总印象总意见，对某一演奏家的某一作品的成绩来说，大概是公平或近于公平的了——这是我对群众与批评家的意见肯定其客观价值的看法，也是无意中与你妈妈谈话时谈出来的，不知你觉得怎样？——我经常与妈妈谈天说地，对人生、政治、艺术、各种问题发表各种感想，往往使我不知不觉中把自己的思想整理出一个小小的头绪来。单就这一点来说，你妈妈对我确是大有帮助，虽然不是出于她主动——可见终身伴侣的相互帮助有许多完全是不知不觉的。相信你与弥拉之间一定也常有此感。

五日上午

　　昨天敏自京回沪度寒假，马先生交其带来不少唱片借听。昨晚听了维瓦尔第的两支协奏曲，显然是斯卡拉蒂一类的风格，敏说"非常接近大自然"，倒也说得中肯。情调的愉快、开朗、活泼、轻松，风格之典雅、妩媚，意境之纯净、健康，气息之乐观、天真，和声的柔和、堂皇，甜而不俗：处处显出南国风光与意大利民族的特性，令我回想到罗马的天色之蓝、空气之清冽、阳光的灿烂，更进一步追怀二千年前希腊的风土人情，美丽的地中海与柔媚的山脉以及当时又文明又自然、又典雅又朴素的风流文采，正如丹纳书中所描写的那些境界。听了这种音乐不禁联想到韩德尔，他倒是北欧人而追求文艺复兴的理想的人，也是北欧人而憧憬南国的快乐气氛的作曲家。你说他 humain〔有人情味〕是不错的，因为他更本色，更多保留人的原有的性格，所以更健康。他有的是异教气息，不像巴赫被基督教精神束缚，常常匍匐在神的脚下呼号、忏悔、诚惶诚恐的祈求。基督教本是历史上某一特殊时代，地理上某一特殊民族，经济政治某一特殊类型所综合产生的东西；时代变了，特殊的政治经济状况也早已变了，民族也大不相同了，不幸旧文化——旧宗教遗留下来，始终统治着二千年来几乎所有的西方民族，造成了西方人至今为止的那种矛盾、畸形，与十九、二十世纪极不调和的精神状态，处处同文艺复兴以来的主要思潮抵触。在我们中国人眼中，基督教思想尤其显得病态。一方面，文艺复兴以后的人是站起来了，到处肯定自己的独立，发展到十八世纪的百科全书派，十九世纪的自然科学进步以及政治经济方面的革命，显然人类的前途、进步、能力都是无限的；同时却仍然奉一个无所不能无所不在的神为主宰，好像人永远逃不出他的掌心，再加上原始罪恶与天堂地狱的恐怖与期望，使近代人的精神永远处于支离破碎、纠结复杂、矛盾百出的状态中，这个情形反映在文化的各个方面、学术的各个部门，使他们（西方人）格外心情复杂，难以理解。我总觉得从异教变到基督教，就是人从健康变到病态的主要表现与主要关键。比起近代的西方人来，我们中华民族更接近古代的希腊人，因此更自然、更健康。我们的哲学、文学即使是悲观的部分也不是基督教式的一味投降，或者用现代语说，一味的"失败主义"；而是人类一般对生老病死、春花秋月的慨叹，如古乐府及我们全部诗词中提到人生如朝露一类的作品；或者是愤激与反抗的表现，如老子的《道德经》——就因为此，我们对西方艺术中最喜爱的还是希腊的雕塑、文艺复兴的绘画、十九世纪的风景画——总而言之是非宗教性非说教类的作品——猜想你近年来愈来愈喜欢莫扎特、斯卡拉蒂、韩德尔，大概也是由于中华民族的特殊气质。在精神发展的方向上，我认为你这条路线是正常的、健全的——你的酷好舒伯特，恐怕也反映你爱好中国文艺中的某一类型。亲切、熨帖、温厚、惆怅、凄凉，而又对人生常带哲学意味极浓的深思默想；爱人生、恋念人生而又随时准备飘然远行，高蹈、洒脱、遗世独立、解脱一切等的表现，岂不是我们汉晋六朝唐宋以来的文学中屡见不鲜的吗？而这些因素是不是在舒伯特的作品中也具备的呢？——关于上述各点，我很想听听你的意见。而你我之间思想交流、精神默契未尝有丝毫间隔，也就象征你这个远方游子永远和产生你的民族、抚养你的祖国、灌溉你的文化血肉相连、息息相通。

六日上午

从文艺复兴以来，各种古代文化、各种不同民族、各种不同的思想感情大接触之下，造成了近代人的极度复杂的头脑与心情；加上政治经济和社会的急剧变化（如法国大革命，十九世纪的工业革命，封建社会与资本主义社会的交替等），人的精神状态愈加充满了矛盾。这个矛盾中最尖锐的部分仍然是基督教思想与个人主义的自由独立与自我扩张的对立。凡是非基督徒的矛盾，仅仅反映经济方面的苦闷，其程度绝没有那么强烈——在艺术上表现这种矛盾特别显著的，恐怕要算贝多芬了。以贝多芬与歌德做比较研究，大概更可证实我的假定。贝多芬乐曲中两个主题的对立，绝不仅仅从技术要求出发，而主要是反映他内心的双重性。否则，一切 sonata form〔奏鸣曲式〕都以两个对立的 motifs〔主题〕为基础，为何独独在贝多芬的作品中，两个不同的主题会从头至尾斗争得那么厉害，那么凶猛呢？他的两个主题，一个往往代表意志，代表力，或者说代表一种自我扩张的个人主义（绝对不是自私自利的庸俗的个人主义或侵犯别人的自我扩张，想你不致误会）；另外一个往往代表犷野的暴力，或者说是命运，或者说是神，都无不可。虽则贝多芬本人决不同意把命运与神混为一谈，但客观分析起来，两者实在是一个东西。斗争的结果总是意志得胜，人得胜。但胜利并不持久，所以每写一个曲子就得重新挣扎一次，斗争一次。到晚年的四重奏中，斗争仍然不断发生，可是结论不是谁胜谁败，而是个人的隐忍与舍弃；这个境界在作者说来，可以美其名曰皈依，曰觉悟，曰解脱，其实是放弃斗争，放弃挣扎，以换取精神上的和平宁静，即所谓幸福，所谓极乐。挣扎了一辈子以后再放弃挣扎，当然比一开场就奴颜婢膝的屈服高明得多，也就是说"自我"的确已经大大地扩张了；同时却又证明"自我"不能无限制地扩张下去，而且最后承认"自我"仍然是渺小的，斗争的结果还是一场空，真正得到的只是一个觉悟，觉悟斗争之无益，不如与命运、与神，言归于好，求妥协。当然我把贝多芬的斗争说得简单化了一些，但大致并不错。此处不能做专题研究，有的地方只能笼统说说——你以前信中屡次说到贝多芬最后的解脱仍是不彻底的，是否就是我以上说的那个意思呢？——我相信，要不是基督教思想统治了一千三四百年（从高卢人信奉基督教算起）的西方民族，现代欧洲人的精神状态决不会复杂到这步田地，即使复杂，也将是另外一种性质。比如我们中华民族，尽管近半个世纪以来也因为与西方文化接触之后而心情变得一天天复杂，尽管对人生的无常从古至今感慨伤叹，但我们的内心矛盾，决不能与宗教信仰与现代精神（自我扩张）的矛盾相比。我们心目中的生死感慨，从无仰慕天堂的极其烦躁的期待与追求，也从无对永堕地狱的恐怖忧虑；所以我们的哀伤只是出于生物的本能，而不是由发热的头脑造出许多极乐与极可怖的幻象来一方面诱惑自己一方面威吓自己。同一苦闷，程度强弱之大有差别，健康与病态的分别，大概就取决于这个因素。

中华民族从古以来不追求自我扩张，从来不把人看作高于一切，在哲学文艺方面的表现都反映出人在自然界中与万物占着一个比例较为恰当的地位，而非绝对统治万物、奴役万物的主宰。因此我们的苦闷，基本上比西方人为少为小；因为苦闷的强弱原是随欲望与野心的大小而转移的。农业社会的人比工业社会的人享受差得多，因此欲望也小得多。况中国古代素来以不滞于物，不为物役为最主要的人生哲学。并非我们没有守财奴，但比起莫里哀与巴尔扎克笔下的守财奴与野心家来，就小巫见大巫了。中华民族多数是性情中正和平、淡泊、朴实，比西方人容易满足。另一方面，佛教影响虽然很大，但天堂地狱之说只是佛教中的小乘（净土宗）的说法，专为知识较低的大众而设的。真正的佛教教理并不相信真有天堂地狱；

而是从理智上求觉悟，求超度；觉悟是悟人世的虚幻，超度是超脱痛苦与烦恼。尽管是出世思想，却不予人以热烈追求幸福的鼓动或急于逃避地狱的恐怖；主要是劝导人求智慧。佛教的智慧正好与基督教的信仰成为鲜明的对比。智慧使人自然而然的醒悟，信仰反易使人入于偏执与狂热之途——我们的民族本来提倡智慧：中国人的理想是追求智慧而不是追求信仰。我们只看见古人提到彻悟，从未以信仰坚定为人生乐事（这恰恰是西方人心目中的幸福）。你认为韩德尔比巴赫为高，你说前者是智慧的结晶，后者是信仰的结晶：这个思想根源也反映出我们的民族性。故知识分子受到佛教影响并无恶果。即使南北朝时代佛教在中国极盛，愚夫愚妇的迷信亦未尝在吾国文化史上遗留什么毒素，知识分子亦从未陷于虚无主义（即使有过一个短时期，但在历史上并无大害）。——相反，在两汉以儒家为唯一正统，罢斥百家，思想入于停滞状态之后，佛教思想的输入倒是给我们精神上的一种刺激，令人从麻痹中觉醒过来，从狭隘的一家一派的束缚中解放出来。在公元二三世纪的思想情况之下这是一个可喜的现象。对中国知识分子拘束最大的倒是僵死的礼教，从南宋的理学（程子朱子）起一直到清朝末年，养成了规行矩步，整天反省，唯恐背礼越矩的迂腐头脑，也养成了口是心非的假道学、伪君子。其次是明清两代的科举制度，不仅束缚性灵，也使一部分有心胸有能力的人徘徊于功名利禄与真正修身养性、致知格物的矛盾中（反映于《儒林外史》中）——然而这一类的矛盾也决不像近代西方人的矛盾那么有害身心。我们的社会进步迟缓，资本主义制度发展若断若续，封建时代的经济基础始终存在，封建时代的道德观、人生观、宇宙观以及一切上层建筑，到近百年中还有很大势力，使我们的精神状态、思想情形不致如资本主义高度发展的国家的人那样混乱、复杂、病态；我们比起欧美人来一方面是落后，一方面也单纯，就是说更健全一些——从民族特性、传统思想，以及经济制度等各个方面看，我们和西方人比较之下都有这个双重性。五四以来，情形急转直下，西方文化的输入使我们的头脑受到极大的骚动，正如"帝国主义的资本主义"的侵入促成我们半封建半资本主义社会的崩溃一样。我们开始感染到近代西方人的烦恼，幸而时间不久，并且宗教影响在我们思想上并无重大作用（西方宗教只影响到买办阶级以及一部分比较落后地区的农民，而且也并不深刻），故虽有现代式的苦闷，并不太尖锐。我们还是有我们老一套的东方思想与东方哲学，作为批判西方文化的尺度。当然以上所说特别是限于新中国成立以前为止的时期。新中国成立后情形大不相同，暇时再谈。但既是新中国成立前我们一代人的思想情况，你也承受下来了，感染得相当深了。我想你对西方艺术、西方思想、西方社会的反应和批评，骨子里都有我们一代（比你早一代）的思想根源，再加上新中国成立以后新社会给你的理想，使你对西欧的旧社会更有另外一种看法、另外一种感觉——倘能从我这一大段历史分析（不管如何片面如何不正确）来分析你目前的思想感情，也许能大大减少你内心苦闷的尖锐程度，使你的矛盾不致影响你身心的健康与平衡，你说是不是？

七日

人没有苦闷，没有矛盾，就不会进步。有矛盾才会逼你解决矛盾，解决一次矛盾即往前迈进一步。到晚年矛盾减少，即是生命将要告终的表现。没有矛盾的一片恬静只是一个崇高的理想，真正实现的话并不是一个好现象。凭了修养的功夫所能达到的和平恬静只是极短暂的，比如浪潮的尖峰，一刹那就要过去的。或者理想的平和恬静乃是微波荡漾，有矛盾而不太尖锐，而且随时能解决的那种精神修养，可绝非一泓死水：一泓死水有什么可羡呢？我觉得倘若苦闷而不致陷入悲观厌世，有矛盾而能解决（至少在理论上认识上得到一个总结），那么苦闷与矛盾并不可怕。所要避免的乃是因苦闷而导致身心失常或者玩世不恭，变做游戏人生的态度。从另一角度看，最伤人的（对己对人，对小我与集体都有害的）乃是由 passion〔激情〕出发的苦闷与矛盾，例如热衷名利而得不到名利的人，怀着野心而明明不能实现的人，经常忌妒别人、仇恨别人的人，那一类苦闷便是于己于人都有大害的，凡是从自卑感自溺狂等来的苦闷对社会都是不利的，对自己也是致命伤。反之，倘是忧时忧国，不是为小我打算而是为了社会福利、人类前途而感到的苦闷，因为出发点是正义，是理想，是热爱，所以即有矛盾，对己对人都无害处，倒反能逼自己做出一些小小的贡献来。但此种苦闷也须用智慧来解决，至少在苦闷的时间不能忘了明哲的教训，才不至于转到悲观绝望，用灰色眼镜看事物，才能保持健康的心情继续在人生中奋斗——而唯有如此，自己的小我苦闷才能转化为一种活泼泼的力量而不仅仅成为愤世嫉俗的消极因素；因为愤世嫉俗并不能解决矛盾，也就不能使自己往前迈进一步。由此得出一个结论，我们不怕经常苦闷、经常矛盾，但必须不让这苦闷与矛盾妨碍我们愉快的心情。

七日晚

记得你在波兰时期，来信说过艺术家需要有 single-mindedness〔一心一意〕，分出一部分时间关心别的东西，追求艺术就短少了这部分时间。当时你的话是特别针对某个问题而说的。我很了解（根

据切身经验），严格钻研一门学术必须整个儿投身进去。艺术——尤
其音乐，反映现实是非常间接的，思想感情必须转化为 emotion〔感
情〕才能在声音中表达，而这一段酝酿过程，时间就很长；一受外
界打扰，酝酿过程即会延长，或竟中断。音乐家特别需要集中（即
所谓 single-mindedness），原因即在于此。因为音乐是时间的艺术，
表达的又是流动性最大的 emotion〔感情〕，往往稍纵即逝——不幸，
生在二十世纪的人，头脑装满了多多少少的东西，世界上又有多多
少少东西时时刻刻逼你注意；人究竟是社会的动物，不能完全与世
隔绝；与世隔绝的任何一种艺术家都不会有生命，不能引起群众的
共鸣。经常与社会接触而仍然能保持头脑冷静，心情和平，同时能
保持对艺术的新鲜感与专一的注意，的确是极不容易的事。你大概
久已感觉到这一点。可是过去你似乎纯用排斥外界的办法（事实上
你也做不到，因为你对人生对世界的感触与苦闷还是很多很强
烈），而没头没脑的沉浸在艺术里，这不是很健康的做法。我屡屡提醒你，
单靠音乐来培养音乐是有很大弊害的。以你的气质而论，我觉得你
需要多多跑到大自然中去，也需要不时欣赏造型艺术来调剂。假定
你每个月郊游一次，上美术馆一次，恐怕你不仅精神更愉快、更平
衡，便是你的音乐表达也会更丰富、更有生命力、更有新面目出现。
亲爱的孩子，你无论如何应该试试看！

　　如今你有弥拉代为料理日常琐事，该是很幸福了。但不管你什
么理由，某些道义上的责任是脱卸不了的，不能由弥拉代庖。希望
能尽量挤出时间，不时给两位以前的老师写几行，短一些无妨，但
决不可几月几年的沉默下去！你在本门艺术中意志很强，为何在道
义上不同样拿出意志来节约时间，履行你的义务呢？——孩子，你
真不知道我多么希望你在人生各方面都有进步！倘你在尊师方面有

行动表现，你真是给你爸爸最大的快乐。你要以与亲友通信作为精神上的调剂，就不会视执笔为畏途了。心理一改变，事情就会轻松，试过几回即会明白。

一月九日与林先生的画同时寄出的一包书，多半为温习你中文着眼，故特别挑选文笔最好的书——至于艺术与音乐方面的书，英文中有不少扎实的作品。暑中音乐会较少的期间，也该尽量阅读。

八日晨

这封长信是父亲花费了好几天的时间写完的。信里重点谈了中西方文化的差异，表现出父亲对中华文化的热爱。同时，父亲希望通过自己的分析和梳理，能够帮助儿子解决现实中遇到的问题，减少苦闷和矛盾。

一九六三年

十一月三日

亲爱的孩子：

最近一信使我看了多么兴奋，不知你是否想象得到？真诚而努力的艺术家每隔几年必然会经过一次脱胎换骨，达到一个新的高峰。能够从纯粹的感觉（sensation）转化到观念（idea）当然是迈进一大步，这一步也不是每个艺术家所能办到的，因为同各人的性情气质有关。不过到了观念世界也该提防一个 pitfall〔陷阱〕：在精神上能跟踪你的人越来越少的时候，难免钻牛角尖，走上太抽象的路，和群众脱离。哗众取宠（就是一味用新奇唬人）和取媚庸俗固然都要不得，太沉醉于自己的理想也有它的危险。我这话不大说得清楚，只是具体的例子也可以作为我们的警戒。李赫特某些演奏某些理解很能说明问题。归根结底，仍然是"出"和"入"的老话。高远绝俗而不失人间性、人情味，才不会叫人感到 cold〔冷漠〕。像你说的"一切都远了，同时一切也都近了"，正是莫扎特晚年和舒伯特的作品达到的境界。古往今来的最优秀的中国人多半是这个气息，尽管 sublime〔崇高〕，可不是 mystic〔神秘〕（西方式的）；尽管超脱，仍是 warm, intimate, human〔温馨，亲切，有人情味〕到极点！你不但深切了解这些，你的性格也有这种倾向，那就是你的艺术的 safeguard〔保障〕。基本上我对你的信心始终如一，以上有些话不过是随便提到，作为"闻者足戒"的提示罢了。

我和妈妈特别高兴的是你身体居然不摇摆了：这不仅是给听众的印象问题，也是一个对待艺术的态度，掌握自己的感情，控制表现，能入能出的问题，也具体证明你能化为一个 idea〔意念〕，而超过了被音乐带着跑，变得不由自主的阶段。只有感情净化，人格升华，从 dramatic〔起伏激越〕进到 contemplative〔凝神沉思〕的时候，才能做到。可见这样一个细节也不是单靠注意所能解决的，修养到家了，自会迎刃而解。（胸中的感受不能完全在手上表达出来，自然会身体摇摆，好像无意识的要"手舞足蹈"的帮助表达。我这个分析你说对不对？）

相形之下，我却是愈来愈不行了。也说不出是退步呢，还是本来能力有限，以前对自己的缺点不像现在这样感觉清楚。越是对原作体会深刻，越是欣赏原文的美妙，越觉得心长力绌，越觉得译文远远的传达不出原作的神韵。返工的次数愈来愈多，时间也花得愈来愈多，结果却总是不满意。时时刻刻看到自己的 limit〔局限〕，运用脑子的 limit〔局限〕，措辞造句的 limit〔局限〕，先天的 limit〔局限〕——例如句子的转弯抹角太生硬，色彩单调，说理强而描绘弱，处处都和我性格的缺陷与偏差有关。自然，我并不因此灰心，照样"知其不可为而为之"，不过要心情愉快也很难了。工作有成绩才是最大的快乐：这一点你我都一样。

　　另外有一点是肯定的，就是西方人的思想方式同我们距离太大了。不做翻译工作的人恐怕不会体会到这么深切。他们刻画心理和描写感情的时候，有些曲折和细腻的地方，复杂烦琐，简直与我们格格不入。我们对人生琐事往往有许多是认为不值一提而省略的，有许多只是罗列事实而不加分析的，如果要写情就用诗人的态度来写；西方作家却多半用科学家的态度，历史学家的态度（特别巴尔扎克），像解剖昆虫一般。译的人固然懂得了，也感觉到它的特色、妙处，可是要叫思想方式完全不一样的读者领会就难了。思想方式反映整个的人生观、宇宙观和几千年文化的发展，怎能一下子就能和另一民族的思想沟通呢？你很幸运，音乐不像语言的局限性那么大，你还是用音符表达前人的音符，不是用另一种语言文字，另一种逻辑。

　　真了解西方的东方人，真了解东方的西方人，不是没有，只是稀如星凤。对自己的文化遗产彻底消化的人，文化遗产决不会变成包袱，反而养成一种无所不包的胸襟，既明白本民族的长处短处，也明白别的民族的长处短处，进一步会截长补短，吸收新鲜的养料。任何孤独都不怕，只怕文化的孤独，精神思想的孤独。你前信所谓孤独，大概也是指这一点吧？

　　尽管我们隔得这么远，彼此的心始终在一起，我从来不觉得和你有什么精神上的隔阂。父子两代之间能如此也不容易：我为此很快慰。

　　这封信在与儿子探讨艺术问题的同时，也流露出父亲内心的苦闷和困扰。但值得欣慰的是，儿子已经逐渐成熟，父子之间始终保持着心灵相通。

一九六四年

一月十二日

　　莫扎特的 *Fantasy in b min*〔《b 小调幻想曲》〕记得一九五三年前就跟你提过。罗曼·罗兰极推崇此作，认为他的痛苦的经历都在这作品中流露了，流露的深度便是韦伯与贝多芬也未必超过。罗曼·罗兰的两本名著：（1）*Musicians of the Past*〔《古代音乐家》〕，（2）*Musicians of Today*〔《今代音乐家》〕英文中均有译本，不妨买来细读。其中论莫扎特、柏辽兹、德彪西各篇非常精彩。名家的音乐论著，可以帮助我们更准确地了解以往的大师，也可以纠正我们太主观的看法。我觉得艺术家不但需要在本门艺术中勤修苦练，也得博览群书，也得常常做 meditation〔冥思默想〕，防止自己的偏向和钻牛角尖。感情强烈的人不怕别的，就怕不够客观；防止之道在于多多借鉴，从别人的镜子里检验自己的看法和感受。其次磁带录音机为你学习的必需品——也是另一面自己的镜子。我过去常常提醒你理财之道，就是要你能有购买此种必需品的财力，Kabos〔卡波斯〕太太那儿是否还去？十二月轮空，有没有利用机会去请教她？学问上艺术上的师友必须经常接触、交流，只顾关着门练琴也有流弊。

近来除日课外，每天抓紧时间看一些书。国外研究巴尔扎克的有分量的书，二战前后出了不少，只嫌没时间，来不及补课。好些研究虽不以马列主义自命，实际做的就是马列主义工作，比如搜罗十九世纪前五十年的报刊著作、回忆录，去跟《人间喜剧》中写的政治、经济、法律、文化对证，看看巴尔扎克的现实主义究竟有多少真实性。好些书店重印巴尔扎克的作品，或全集，或零本，都请专家做详尽的考据注释。老实说，从最近一年起，我才开始从翻译巴尔扎克，进一步做了些研究，不过仅仅开了头，五年、十年以后是否做得出一些成绩来也不敢说。

我上一封信要弥拉在伦敦买一部英国人写的巴尔扎克传记和《人间喜剧》研究（共二册），不知她有没有办？你到美国去希望替我找一部芝加哥大学出版社 1929—1930 年出版的 *Royce (W-H): A Balzac Bibliography*〔《研究巴尔扎克的文献目录》〕两册，书名立刻记在随身小册上，到时不致遗忘。

知道你准备花几年苦功对付巴赫，真是高兴，这一点（还有贝多芬）非过不可。一九五三年曾为你从伦敦订购一部 Albert Schweitzer〔阿尔伯特·施韦策尔〕著欧内斯特·纽曼翻译的 *Bach*〔《巴赫》〕，放在家里无用，已于一月四日寄给你了。原作者是当代巴赫权威，英译者又是有名的音乐学者兼批评者，想必对你有帮助。此等书最好先从头至尾看一遍，以后再细看。一切古典著作都不是一遍所能吸收的。

今天看了十二月份《音乐与音乐家》上登的 Dorat: *An Anatony*

of Conducting〔多拉:《指挥的剖析》〕有两句话妙极——"Increasing economy of means, employed to better effect, is a sign of increasing maturity in every form of art."〔不论任何艺术，若能通过更简洁的方式，却达到更好的效果，即是成熟的标志〕——这个道理应用到弹琴，从身体的平稳不摇摆，一直到 interpretation〔演绎〕的朴素、含蓄，都说得通。他提到艺术时又说: calls for great pride and extreme humility at the same time〔要求同时具备强大的自尊和谦卑的心态〕，全篇文字都值得一读。

这封信中主要提醒儿子: 要博览群书，以避免陷入艺术家主观的偏向和牛角尖之中。

四月二十三日

亲爱的孩子:

有人四月十四日听到你在 BBC〔英国广播公司〕远东华语节目中讲话，因是辗转传达，内容语焉不详，但知你提到家庭教育、祖国以及中国音乐问题。我们的音乐不发达的原因，我想过数十年，不得结论。从表面看，似乎很简单:科学不发达是主要因素，没有记谱的方法也是一个大障碍。可是进一步问问为什么我们科学不发达呢? 就不容易解答了。早在战国时期，我们就有墨子、公输般等科学家和工程师，汉代的张衡不仅是个大文豪，也是了不起的天文历算的学者。为何后继无人，一千六百年间，就停滞不前了呢? 为何西方从文艺复兴以后反而突飞猛进呢? 希腊的早期科学，七世纪前后的阿拉伯科学，不是也经过长期中断的吗？怎么他们的中世纪不曾把科学的根苗完全斩断呢？西方的记谱也只是十世纪以后才开始，而近代的记谱方法更不过是几百年中发展的，为什么我们始终不曾在这方面发展？要说中国人头脑不够抽象，明代的朱载堉（《乐律全书》的作者）偏偏把音乐当作算术一般讨论，不是抽象得很吗？为何没有人以这些抽象的理论付诸实践呢？西洋的复调音乐也近乎数学，为何佛兰德斯乐派、意大利乐派，以至巴赫、韩德尔，都会用创作来做实验呢？是不是一个民族的艺术天赋并不在各个艺术部门中平均发展的？希腊人的建筑、雕塑、诗歌、戏剧，在公元前五世纪时登峰造极，可是以后两千多年间就默默无闻，毫无建树了。文艺复兴时期的意大利艺术也只是昙花一现。有些民族尽管在文学上到过最高峰，在造型艺术和音乐艺术中便相形见绌，例如英国。有的民族在文学、音乐上有杰出的成就，但是绘画便赶不上，例如德国。可见无论在同一民族内，一种艺术的盛衰，还是各种不同的艺术在各个不同的民族中的发展，都不容易解释。我们的书法只有两晋、六朝、隋、唐是如日中天，以后从来没有第二个高潮。我们的绘画艺术也始终没有超过宋、元。便是音乐，也只有开元、天宝，唐玄宗的时代盛极一时，可是也只限于"一时"。现在有人企图用社会制度、阶级成分来说明文艺的兴亡。可是奴隶制度在世界上许多民族都曾经历，为什么独独在埃及和古希腊会有那么灿烂的艺术成就？而同样的奴隶制度，为何埃及和希腊的艺术精神、风格，如此之不同？如果说与统治阶级的提倡大有关系，那么英国十八、十九世纪王室的提倡音乐，并不比十五世纪意大利的教皇和诸侯（如梅迪契家族）差劲，为何英国自己就产生不了第一流的音乐家呢？再从另一些更具体更小的角度来说，我们的音乐不发达，是否同音乐被戏剧侵占有关呢？我们所有的音乐材料，几乎全部在各种不同的戏剧中。所谓纯粹的音乐，只有一些没有谱的琴曲（琴曲谱只记手法，不记音符，故不能称为真正的乐谱）。其他如笛、箫、二胡、琵琶等，不是简单之至，便是外来的东西。被戏剧侵占而不得独立的艺术，还有舞蹈。因为我们不像西方人迷信，也不像他们有那么强的宗教情绪，便是敬神的节目也变了职业性的居多，群众自动参加的较少。如果说中国民族根本不大喜欢音乐，那又不合乎事实。我小时在乡下，听见舟子——赶水车的，常常哼小调，所谓"山歌"〔古诗中（汉魏）有许多"歌行""歌谣"，从白乐天到苏、辛都是高吟低唱的，不仅仅是写在纸上的作品〕。

总而言之，不发达的原因归纳起来只是一大堆问题，谁也不曾彻底研究过，当然没有人能解答了。近来我们竭力提倡民族音乐，当然是大好事。不过纯粹用土法恐怕不会有多大发展的前途。科学是国际性的、世界性的，进步硬是进步，落后硬是落后。一定要把土乐器提高，和钢琴、提琴竞争，岂不劳而无功？抗战前（一九三七年前）丁西林就在研究改良中国笛子，那时我就认为浪费。工具与内容，乐器与民族特性，固然关系极大；但是进步的工具，科学性极高的现代乐器，决不怕表达不出我们的民族特性和我们特殊的审美感。倒是原始工具和简陋的乐器，赛过牙齿七零八落、声带构造大有缺陷的人，尽管有多丰富的思想感情，也无从表达。乐曲的形式亦然如此。光是把民间曲调记录下来，略加整理，用一些变奏曲的办法扩充一下，绝对创造不出新的民族音乐。我们连"音乐文法"还没有，想要在音乐上雄辩滔滔，怎么可能呢？西方最新乐派（当然不是指电子音乐一类的极度现代的东西）的理论，其实是尺寸最宽、最便于创造民族音乐的人利用的；无奈大家害了形式主义的恐怖病，提也不敢提，更不用说研究了。俄罗斯五大家——从德彪西到巴托克，事实俱在，只有从新的理论和技巧中才能摸出一条民族乐派的新路来。问题是不能闭关自守、闭门造车，而是要掌握西方最高最新的技巧，化为我有，为我所用，然后才谈得上把我们新社会的思想感情用我们的音乐来表现。这一类的问题，想谈的太多了，一时也谈不完。

这封信从我国音乐不发达的现状谈到古代一千多年间科学的停滞不前，进而谈到民族音乐发展存在的问题，最终得出结论：不能闭关自守、闭门造车，而应该掌握世界上的最高最新的技巧，化为我有，为我所用。

一九六五年

二月二十日

亲爱的孩子：

半年来你唯一的一封信不知给我们多少快慰。看了日程表，照例跟着你天南地北的神游了一趟，做了半天白日梦。人就有这点儿奇妙，足不出户，身不离斗室，照样能把万里外的世界、各地的风光、听众的反应、游子的情怀，一样一样的体验过来。你说在南美仿佛回到了波兰和苏联，单凭这句话，我就哑摸到你当时的喜悦和激动；拉丁民族和斯拉夫民族热情奔放的表现也历历如在目前。

照片则是给我们另一种兴奋，虎着脸的神气最像你。大概照相机离得太近了，孩子看见那怪东西对准着他，不免有些惊恐，有些提防。可惜带笑的两张都模糊了（神态也最不像你），下回拍动作，光圈要放大到 F.2 或 F.3.5，时间用 1/100 或 1/150 秒。若用闪光（即

flash）则用 F.11，时间 1/100 或 1/150 秒。望着你弹琴的一张最好玩，最美；应当把你们俩作为特写放大，左手的空白完全不要；放大要五或六英寸才看得清，因原片实在太小了。另外一张不知坐的是椅子是车子？地下一张装中国画（谁的）的玻璃框，我们猜来猜去猜不出是怎么回事，望说明！

你父性特别强是像你妈，不过还是得节制些，第一勿妨碍你的日常工作，第二勿宠坏了凌霄——小孩儿经常有人跟他玩，成了习惯，就非时时刻刻抓住你不可，不但苦了弥拉，而且对孩子也不好。耐得住寂寞是人生一大武器，而耐寂寞也要自幼训练的！疼孩子固然要紧，养成纪律同样要紧；几个月大的时候不注意，到两三岁时再收紧，大人小儿都要痛苦的。

你的心绪我完全能体会。你说得不错，知子莫若父，因为父母子女的性情脾气总很相像，我不是常说你是我的一面镜子吗？且不说你我的感觉一样敏锐，便是变化无常的情绪，忽而高潮忽而低潮，忽而兴奋若狂，忽而消沉丧气等的艺术家气质，你我也相差无几。不幸这些遗传（或者说后天的感染）对你的实际生活弊多利少。凡是有利于艺术的，往往不利于生活；因为艺术家两脚踏在地下，头脑却在天上，这种姿态当然不适应现实的世界。我们常常觉得弥拉总算不容易了，你切勿用你妈的性情脾气去衡量弥拉。你得随时提醒自己，你的苦闷没有理由发泄在第三者身上。况且她的童年也并不幸福，你们俩正该同病相怜才对。我一辈子没有做到克己的功夫，你要能比我成绩强，收效早，那我和妈妈不知要多么快活呢！

要说 exile〔放逐〕，从古到今多少大人物都受过这苦难，但丁便是其中的一个；我辈区区小子又何足道哉！据说《神曲》是受了 exile〔放逐〕的感应和刺激而写的，我们倒是应当以此为榜样，把

exile〔放逐〕的痛苦升华到艺术中去。以上的话，我知道不可能消除你的悲伤愁苦，但至少能供给你一些解脱的理由，使你在愤懑郁闷中有以自拔。做一个艺术家，要不带点儿宗教家的心肠，会变成追求纯技术或纯粹抽象观念的 virtuoso〔演奏能手〕，或者像所谓抽象主义者一类的狂人；要不带点儿哲学家的看法，又会自苦苦人（苦了你身边的伴侣），永远不能超脱。最后还有一个实际的论点：以你对音乐的热爱和理解，也许不能不在你厌恶的社会中挣扎下去。你自己说到处都是 outcast〔逐客〕，不就是这个意思吗？艺术也是一个 tyrant〔暴君〕，因为做他奴隶的都心甘情愿，所以这个 tyrant〔暴君〕尤其可怕。你既然认了艺术做主子，一切的辛酸苦楚便是你向他的纳贡，你信了他的宗教，怎么能不把少牢太牢去做牺牲呢？每一行有每一行的 humiliation〔屈辱〕和 misery〔辛酸〕，能够 resign〔心平气和，隐忍〕就是少痛苦的不二法门。你可曾想过，肖邦为什么后半世自愿流亡异国呢？他的 Op.25〔作品二十五号〕以后的作品付的是什么代价呢？

任何艺术品都有一部分含蓄的东西，在文学上叫作言有尽而意无穷，西方人所谓 betweenlines〔弦外之音〕。作者不可能把心中的感受写尽，他给人的启示往往有些还出乎他自己的意想之外。绘画、雕塑、戏剧等，都有此潜在的境界。不过音乐所表现的最是飘忽、最是空灵、最难捉摸、最难肯定，弦外之音似乎比别的艺术更丰富、更神秘，因此一般人也就懒于探索，甚至根本感觉不到有什么弦外之音。其实真正的演奏家应当努力去体会这个潜在的境界（即淮南子所谓"听无音之音者聪"，无音之音不是指这个潜藏的意境又是指什么呢？）而把它表现出来，虽然他的体会不一定都正确。能否体会与民族性无关。从哪一角度去体会，能体会作品中哪一些隐藏

173

的东西，则多半取决于各个民族的性格及其文化传统。甲民族所体会的和乙民族所体会的，既有正确不正确的分别，也有种类的不同，程度深浅的不同。我猜想你和你岳父的默契在于彼此都是东方人，感受事物的方式不无共同之处，看待事物的角度也往往相似。你和董氏兄弟初次合作就觉得心心相印，也是这个缘故。大家都是中国人，感情方面的共同点自然更多了。

你的中文还是比英文强，别灰心，多写信，多看中文书，就不会失去用中文思考的习惯。你的英文基础不够，看书太少，句型未免单调。

这封信主要是谈论艺术与现实的矛盾冲突，帮助儿子排解心中的苦闷。艺术与现实应该是相辅相成的，当二者出现矛盾的时候，艺术家唯有学会自我调节，才能避免陷入极端之中。

赤子孤独了，会创造一个世界

改善生活固大不容易；有了物质享受而不受物质奴役，弄得身不由主，无穷无尽的追求奢侈，恐怕更不容易。

——傅雷

一九五五年

十二月二十一日晨

亲爱的孩子：

今年暑天，因为身体不好而停工，顺便看了不少理论书；这一回替你买理论书，我也买了许多，这几天已陆续看了三本小册子：关于辩证唯物主义的一些基本知识，批评与自我批评是苏维埃社会发展的动力，社会主义基本经济规律。感想很多，预备跟你随便谈谈。

第一个最重要的感想是：理论与实践绝对不可分离，学习必须与现实生活结合；马列主义不是抽象的哲学，而是极现实极具体的哲学；它不但是社会革命的指导理论，同时亦是人生哲学的基础。解放六年来的社会，固然有极大的进步，但还存在着不少缺点，特别在各级干部的办事方面。我常常有这么个印象，就是一般人的政治学习，完全是为学习而学习，不是为了生活而学习，不是为了应付实际斗争而学习。所以谈起理论来头头是道，什么唯物主义，什么辩证法，什么批评与自我批评等，都能长篇大论发挥一大套；一遇到实际事情，一坐到办公桌前面，或是到了工厂里，农村里，就把一切理论忘得干干净净。学校里亦然如此；据在大学里念书的人告诉我，他们的政治讨论非常热烈，有些同学提问题提得极好，也能做出很精辟的结论；但他们对付同学，对付师长，对付学校的领导，仍是顾虑重重，一派的世故，一派的自私自利。这种学习态度，我觉得根本就是反马列主义的；为什么把最实际的科学——唯物辩证法，当作标榜的门面话和口头禅呢？为什么不能把嘴上说得天花乱坠的道理化到自己身上去，贯彻到自己的行为中、作风中去呢？

因此我的第二个感想以及以下的许多感想，都是想把马列主义的理论结合到个人修养上来。首先是马克思主义的世界观，应该使我们有极大的、百折不回的积极性与乐天精神。比如说："存在决定意识，但并不是说意识便成为可有可无的了。恰恰相反，一定的思想意识，对客观事物的发展会起很大的作用。"换句话说，就是"主观能动作用"。这便是鼓励我们对样样事情有信心的话，也就是中国人的"人定胜天"的意思。既然客观的自然规律，社会的发展规律，都可能受到人的意识的影响，为什么我们要灰心，要气馁呢？不是一切都是"事在人为"吗？一个人发觉自己有缺点，分析之下，可以归纳到遗传的根性，过去旧社会遗留下来的坏影响，潜伏在心底里的资产阶级意识、阶级本能等；但我们因此就可以听任自己这样下去吗？若果如此，这个人不是机械唯物论者，便是个自甘堕落的没出息的东西。

第三个感想也是属于加强人的积极性的。一切事物的发展，包括自然现象在内，都是由于内在的矛盾，由于旧的腐朽的东西与新的健全的东西做斗争。这个理论可以帮助我们摆脱许多不必要的烦恼，特别是留恋过去的烦恼，与追悔以往的错误的烦恼。陶渊明就说过："觉今是而昨非"，还有一句老话，叫作："过去种种譬如昨日死，现在种种譬如今日生。"对于个人的私事与感情的波动来说，都是相近似的教训。既然一切都在变，不变就是停顿，停顿就是死亡，那么为什么老是恋念过去，自伤不已，把好好的眼前的光阴也毒害了呢？认识到世界是不断变化的，就该体会到人生亦是不断变化的，就该懂得生活应该是向前看，而不是往后看。这样，你的心胸不是廓然了吗？思想不是明朗了吗？态度不是积极了吗？

第四个感想是单纯的乐观是有害的，一味地向前看也是有危险的。古人说"鉴往而知来"，便是教我们检查过去，为的是要以后生活得更好。否则为什么大家要做小结，做总结，左一个检查，右一个检查呢？假如不需要检讨过去，就能从今以后不重犯过去的错误，那么"我们的理性认识，通过实践加以检验与发展"这样的原则，还有什么意思？把理论到实践中去对证，去检视，再把实践提到理性认识上来与理论复核，这不就是需要分析过去吗？我前二信中提到一个人对以往的错误要做冷静的、客观的解剖，归纳出几个原则来，也就是这个道理。

第五个感想是"从感性认识到理性认识"这个原理，你这几年在音乐学习上已经体会到了。一九五一至一九五三年间，你自己摸索的时代，对音乐的理解多半是感性认识，直到后来，经过杰老师的指导，你才一步一步走上了理性认识的阶段。而你在去罗马尼亚以前的彷徨与缺乏自信，原因就在于你已经感觉到仅仅靠感性认识去理解乐曲，是不够全面的，也不够深刻的；不过那时你不得其门而入，不知道怎样才能达到理性认识，所以你苦闷。你不妨回想一下，我这个分析与事实符合不符合？所谓理性认识是"通过人的头脑，运用分析、综合、对比等的方法，把观察到的（我再加上一句：感觉到的）现象加以研究，抛开事物的虚假现象及其他种种非本质现象，抽出事物的本质，找出事物的来龙去脉，即事物发展的规律"这几句，倘若能到处运用，不但对学术研究有极大的帮助，而且对做人处世，也是一生受用不尽。因为这就是科学方法。而我一向主张不但做学问、弄艺术要有科学方法，做人更其需要有科学方法。因为这缘故，我更主张把科学的辩证唯物论应用到实际生活上来。毛主席在《实践论》中说："我们的实践证明：感觉到了的东西，我们不能立刻理解它，只有理解了的东西才能更深刻地感觉它。"你是弄音乐的人，当然更能深切的体会这话。

第六个感想是辩证唯物论中有许多原则，你特别容易和实际结合起来体会；因为这几年你在音乐方面很用脑子，而在任何学科方面多用头脑思索的人，都特别容易把辩证唯物论的原则与实际联系。比如"事物的相互联系与相互限制""原因和结果有时也会相互转化，相互发生作用"，不论拿来观察你的人事关系，还是考察你的业务学习，分析你的感情问题，还是检讨你的起居生活，随时随地都会得到鲜明生动的实证。我尤其想到"从量变到质变"一点，与你的音乐技术与领悟的关系非常适合。你老是抱怨技巧不够，不能表达你心中所感到的音乐；但你一朝获得你眼前所追求的技巧之后，你的音乐理解一定又会跟着起变化，从而要求更新更高的技术。说得浅近些，比如你练肖邦的练习曲或诙谐曲中某些快速的段落，常嫌速度不够。但等到你速度够了，你的音乐表现也绝不是像你现在所追求的那一种了。假如我这个猜测不错，那就说明了量变可以促成质变的道理。

以上所说，在某些人看来，也许是把马克思主义庸俗化了；我却认为不是庸俗化，而是把它真正结合到现实生活中去。一个人年轻的时候，当学生的时候，倘若不把马克思主义"身体力行"，在大大小小的事情上实地运用，那么一朝到社会上去，遇到无论怎么微小的事，也运用不了一分一毫的马克思主义。所谓辩证法，所谓正确的世界观，必须到处用得烂熟，成为思想的习惯，才可以说是真正受到马克思主义的锻炼。否则我是我，主义是主义，方法是方法，始终合不到一处，学习一辈子也没用。从这个角度上看，马列主义绝对不枯燥，而是非常生动、活泼、有趣的，并且能时时刻刻帮助我们解决或大或小的问题的——从身边琐事到做学问，从日常生活到分析国家大事，没有一处地方用不到。至于批评与自我批评，我前两信已说得很多，不再多谈。只要你记住两点：必须有不怕看自己丑脸的勇气，同时又要有冷静的科学家头脑与实验室工作的态度。唯有用这两种心情，才不至于被虚伪的自尊心所蒙蔽而变成怯懦，也不至于为了以往的错误而过分灰心，消灭了痛改前非的勇气，更不至于茫然于过去错误的原因而将来重蹈覆辙。子路的"闻过则喜"，曾子的"吾日三省吾身"，都是自我批评与接受批评的最好的格言。

从有关五年计划的各种文件上，我特别替你指出下面几个全国上下共同努力的目标：

增加生产，厉行节约，反对分散使用资金，坚决贯彻重点建设的方针。

你在国外求学，"厉行节约"四字也应该竭力做到。我们的家用，从上月起开始每周做决算，拿来与预算核对，看看有否超过？

若有，要研究原因，下周内就得设法防止。希望你也努力，因为你音乐会收入多，花钱更容易不假思索，满不在乎。至于后两条，我建议为了你，改成这样的口号：反对分散使用精力，坚决贯彻重点学习的方针。

今夏你来信说，暂时不学理论课程，专攻钢琴，以免分散精力，这是很对的。但我更希望你把这个原则再推进一步，再扩大，在生活细节方面都应用到。而在乐曲方面，尤其要时时注意。首先要集中几个作家。作家的选择事先可郑重考虑；决定以后切勿随便更改，切勿看见新的东西而手痒心痒——至多只宜做辅助性质的附带研究，而不能喧宾夺主。其次是练习的时候要安排恰当，务以最小限度的精力与时间，获得最大限度的成绩为原则。和避免分散精力连带的就是重点学习。选择作家就是重点学习的第一个步骤；第二个步骤是在选定的作家中再挑出几个最有特色的乐曲。譬如巴赫，你一定要选出几个典型的作品，代表他键盘乐曲的各个不同的面目的。这样，你以后对于每一类的曲子，可以举一反三，自动的找出路子来了。这些道理，你都和我一样的明白。我所以不惮烦琐的和你一再提及，因为我觉得你许多事都是知道了不做。学习计划，你从来没和我细谈，虽然我有好几封信问你。从现在起到明年（一九五六）暑假，你究竟决定了哪些作家，哪些作品？哪些作品作为主要的学习，哪些作为次要与辅助性质的？理由何在？这种种，无论如何希望你来信详细讨论。我屡次告诉你：多写信多讨论问题，就是多些整理思想的机会，许多感性认识可以变做理性认识。这样重要的训练，你是不能漠视的。只消你看我的信就可知道。至于你忙，我也知道；但我每个月平均写三封长信，每封平均有三千字，而你只有一封，只及我的三分之一。莫非你忙的程度，比我超过百分之二百吗？问题还在于你的心情，心情不稳定，就懒得动笔。所以我这几封信，接连地和你谈思想问题，急于要使你感情平静下来。做爸爸的不要求你什么，只要求你多写信，多写有内容有思想实质的信；为了你对爸爸的爱，难道办不到吗？我也再三告诉过你，你一边写信整理思想，一边就会发现自己有很多新观念；无论对人生，对音乐，对钢琴技巧，一定随时有新的启发，可以帮助你今后的学习。这样一举数得的事，怎么没勇气干呢？尤其你这人是缺少计划性的，多写信等于多检查自己，可以纠正你的缺点。当然，要做到"不分散精力""重点学习""多写信，多发表感想，多报告计划"，最基本的是要能抓紧时间。你该记得我的生活习惯吧？早上一起来，洗脸，吃点心，穿衣服，没一件事不是用最快的速度赶着做的；而平日工作的时间，尽量不接见客人，不出门；万一有了杂务打岔，就在晚上或星期日休息时间补足错失的工作。这些都值得你模仿。要不然，怎么能抓紧时间呢？怎么能不浪费光阴呢？如今你住的地方幽静，和克拉可夫音乐院宿舍相比，有天渊之别；你更不能辜负这个清静的环境。每天的工作与休息时间都要安排妥当，避免一切突击性的工作。你在国外，究竟不比国内常常有政治性的任务。临时性质的演奏也不会太多，而且宜尽量推辞。正式的音乐会，应该在一个月以前决定，自己早些安排练节目的日程，切勿在期前三四天内日夜不停地"赶任务"，赶出来的东西总是不够稳，不够成熟的；并且还要妨碍正规学习；事后又要筋疲力尽，仿佛人要瘫下来似的。

我说了那么多，又是你心里都有数的话，真怕你听腻了，但也真怕你不肯下决心实行。孩子，告诉我，你已经开始在这方面努力了，那我们就安慰了，高兴了。

假如心烦而坐不下来写信，可不可以想到为安慰爸爸妈妈起见而勉强写？开头是为了我们而勉强写，但写到三四页以上，我相信你的心情就会静下来，而变得很自然很高兴的，自动的想写下去了。我告诉你这个方法，不但可逼你多写信，同时也可以消除一时的烦闷。人总得常常强迫自己，不强迫就解决不了问题。

这封长信里详谈了父亲对马列主义学习的体会，逐条列举，逐条分析，联系实际，帮助儿子提升理论水平，最终在学习和工作中受益。

一九五六年

二月十三日

亲爱的孩子：

上海政协开了四天会，我第一次代表小组发言，第二次个人补充发言，附上稿子二份，给你看看。十日平信寄你一包报纸及剪报，内有周总理的政治报告，关于知识分子问题的报告及全国政协大会的发言选辑，并用红笔勾出，使你看的时候可集中要点、节约时间。另有一本《农业发展纲要》小册子。预料那包东西在三月初可以到你手里；假使你没空，可以在去南途中翻阅。从全国政协的发言中，可看出我国各方面的情况，各阶层的意见，各方面的人才。

上海政协此次会议与去年五月大会情形大不相同。出席人员不但情绪高涨，而且讲话都富有内容，问题提得很多，很具体（上次大会歌功颂德的空话占十分之七八）。杨伯伯代表音乐小组发言，有声有色，精彩之至。他说明了音乐家的业务进修需要这么多的时间，现在各人的忙乱，业务水平天天在后退；他不但说得形象化，而且影响化。休息时间我遇到《文汇报》社长徐铸成，他说："我今天上了一课（音乐常识）。"对社会人士解释音乐家的劳动性质，是非常必要的。只有在广大人民认识了这特殊的劳动性质，才能成为一种舆论，督促当局对音乐界的情况慢慢地改善。

大会发言，我的特点是全体发言中套头语最少、时间最短的。第一次发言不过十一分钟，第二次不过六分钟。人家有长到二十五分钟的，而且拖拖拉拉，重复的句子占了一半以上。

林伯伯由周伯伯（煦良，他是上海政协九个副秘书长之一，专门负责文化事业）推荐，作为社会人士，到北京去列席全国政协大会。从一月三十日起到二月七日为止，他在北京开会。行前我替他预备了发言稿，说了一些学校医学卫生（他是华东师大校医）和他的歌唱理论，也大概说了些音乐界的情形。结果他在小组上讲了，效果很好。他到京后自己又加了一段检讨自己的话，大致是："我个人受了宗派主义的压迫，不免抱着报复的心思，埋头教学生，以为有了好的歌唱人才出来，自然你们这些不正派的人会垮台。我这个思想其实就是造成宗派主义思想，把自己的一套建立另外一个宗派而且我掉进了宗派主义而不自知。"你看，这段话说得好不好？

他一向比较偏，只注意歌唱，只注意音质；对音乐界一般情况不关心，对音乐以外的事更不必说。这一回去北京，总算扩大了他的心胸与视野。毛主席请客，他也有份，碰杯也有份。许多科学家和他谈得很投机。中央统战部部长李维汉也和他谈了"歌唱法"，打电话给文化部丁副部长燮林（是老辈科学家），丁又约了林谈了二十分钟。大概在这提倡科学研究的运动中，林伯伯的研究可以得到政府的实力支持——这一切将来使我连带也要忙一些。因为林伯伯什么事都要和我商量：订计划等，文字上的修改，思想方面的补充，都需要我参加。

孩子，你一定很高兴，大家都在前进，而且是脚踏实地的前进，绝不是喊口号式的。我们的国家虽则在科学成就上还谈不到"原子能时代"，但整个社会形势进展的速度，的确是到了"原子能时代"了。大家都觉得跟不上客观形势。单说我自己吧，尽管时间充裕，但各式各样的新闻报道、学习文件、报纸、杂志、小册子，多得你顾了这，顾不了那，真是着急。本门工作又那么费时间，和你练琴差不多。一天八九小时，只能译一二千字；改的时候，这一二千字又要花一天时间，进步之慢有如蜗牛。而且技术苦闷也和你一样，随处都是问题，了解的能力至少四五倍于表达的能力……你想不是和你相仿吗？

一般小朋友，在家自学的都犯一个大毛病：太不关心大局，对社会主义的改造事业很冷淡。我和名强、酉三、子歧都说过几回，不发生作用。他们只知道练琴。这样下去，少年变了老年。与社会脱节，真正要不得。我说少年变了老年，还侮辱了老年人呢！今日多少的老年人都很积极，头脑开通。便是宋家婆婆也是脑子清楚得很。那般小朋友的病根，还是在于家庭教育。家长们只看见你以前关门练琴，可万万想不到你同样关心琴以外的学问和时局；也万万想不到我们家里的空气绝对不是单纯的，一味地音乐，音乐，音乐的！当然，小朋友们自己的聪明和感受也大有关系；否则，为什么许多保守顽固的家庭里照样会有精神蓬勃的子弟呢？

我虽然对谁都尽力帮助（在思想上），但要看对象的。给了，不能接受，也当然白给。恩德的毛病和他们不同：她思想快、感受强、胸襟宽大，只是没有决心实行。知道得多，做到的微乎其微。真的，看看周围的青年，很少真有希望的。我说"希望"，不是指"专业"方面的造就，而是指人格的发展。所以我越来越觉得青年全面发展的重要。

假如你看了我的信，我的发言，周总理的报告等有感触的话，只希望你把热情化为力量，把惭愧化为决心。你最要紧的是抓紧时间，生活纪律化、科学化，休息时间也不能浪费！

还有学习的计划务必严格执行，切勿随意更改！

虽是新年，人来人往，也忙得很，抽空写这封信给你。

祝你录音成功，去南表演成功！

正直、诚恳、务实、脚踏实地、积极融入社会、关心社会，父亲在信中与儿子谈论的这些，在今天仍然具有重要意义，仍然是我们青年人所要遵守的行为准则。

六月十四日下午

亲爱的孩子：

我六月二日去安徽参观了淮南煤矿、佛子岭水库、梅山水库，到十二日方回上海。此次去的人是上海各界代表性人士，由市政协组织的，有政协委员、人民代表，也有非委员代表。看的东西很多，日程排得很紧，整天忙得不可开交。我又和邹韬奋太太（沈粹缜）两人当了第一组的小组长，事情更忙。一回来还得写小组的总结，今晚、后天、下周初，还有三个会要开，才能把参观的事结束。祖国的建设、安徽人民那种急起直追的勇猛精神，叫人真兴奋。各级领导多半是转业的解放军，平易近人，朴素老实，个个亲切可爱。佛子岭的工程全部是自己设计、自己建造的，不但我们看了觉得骄傲，恐怕世界各国都要为之震惊的。科技落后这句话，已经被雄伟的连拱坝打得粉碎了。淮南煤矿的新式设备，应有尽有；地下三百三十米深的隧道，跟国外地道车的隧道相仿，升降有电梯，隧道内有电车，有通风机，有抽水机，开采的煤用皮带拖到井上，直接装火车。原始、落后、手工业式的矿场，在新中国成立后的六七年中，一变而为赶上世界水平的现代化矿场，怎能不叫人说是奇迹呢？详细的情形没工夫和你细谈，以后我可把小组总结抄一份给你。

五月三十一日寄给你夏衍先生的信，想必收到了吧？他说的话的确值得你深思。一个人太顺利，很容易于不知不觉间忘形的。我自己这次出门，因为被称为模范组长，心中常常浮起一种得意的感觉，猛然发觉了，便立刻压下去。但这样的情形出现过不止一次。可见一个人对自己的斗争是一刻也放松不得的。至于报道国外政治情况等，你不必顾虑。那是夏先生过于小心。《波兰新闻》（波大使馆每周寄我的）上把最近他们领导人物的调动及为何调动的理由都说明了。可见这不是秘密。

看到内地的建设突飞猛进，自己更觉得惭愧，总嫌花的力量比不上他们，贡献也比不上他们。只有抓紧时间拼下去。从黄山回来以后，每天都能七时余起床，晚上依旧十一时后睡觉。这样可以腾出更多的时间。因为出门了一次，上床不必一小时、半小时的睡不着，所以既能起早，也能睡晚。我很高兴。

你有许多毛病像我，比如急躁情绪，我至今不能改掉多少；我真着急，把这个不易革除的脾气传染给了你。你得常常想到我在家里的"自我批评"，也许可以帮助你提高警惕。

　　父亲反复用自己的亲身经历，提醒、教育儿子。同时，在马列主义思想的引导下，开展自我批评，时时自省，并告诫儿子顺利时不可忘形。

一九五七年

三月十七日夜

亲爱的孩子：

三月二日接电话，上海市委要我参加中共中央全国宣传工作会议，四日动身，五日晚抵京。六日上午在怀仁堂听毛主席报告的录音，下午开小组会，开了两天地方小组，再开专业小组会，我参加了文学组。天天讨论、发言。十一日全天大会发言，十二日下午大会发言，从五点起毛主席又亲自来讲一次话，讲到六点五十分。十三日下午陆定一同志又做总结，宣告会议结束。此次会议，是党内会议，党外人一起参加是破天荒第一次。毛主席每天分别召见各专业小组的部分代表谈话，每晚召各小组召集人向他汇报，性质重要可想而知。主要是因为"百家争鸣"不开展，教条主义顽抗，故主席在最高国务会议讲过话，立即由中宣部电召全国各省市委（宣传文教）领导及党内外高教、科学、文艺、新闻出版的代表人士来京开"全国宣传工作会议"。上海一共来了四十五人（全国一共来三百六十人），北京（即中央的）有三四百人，总数是七百余人。上海代表中，以文艺界为最多，美术音乐只各占一人，高教界也来了不少。我们党外人士大都畅所欲言，毫无顾忌，倒是党内人士还有些胆小。大家收获很大，我预备在下一封信内细谈。

五月二十五日 *

亲爱的聪儿：

好久没写信给你了，最近数月来，天天忙于看报，简直看不完。爸爸开会回家，还要做传达报告给我听，真兴奋。自上海市宣传会议整风开始，踊跃争鸣，久已搁笔的老作家，胸怀苦闷的专家学者，都纷纷写文章响应，在座谈会上大胆谈矛盾谈缺点，大多数都是从热爱党的观点出发，希望大力改进改善。尤其是以前被整的，更是扬眉吐气，精神百倍。但是除了北京、上海争鸣空前外，其他各省领导还不能真正领悟毛主席的精神，还不敢放，争鸣空气沉闷，连文物丰富的浙江杭州也死气沉沉，从报纸驻各地记者的报道上可以看出，一方面怕放了不可收拾，一方面怕鸣了将来挨整，顾虑重重，弄得束手束脚，毫无生气。这次争鸣，的确问题很多，从各方面揭发的事例，真气人也急人。领导的姑息党员，压制民主，评级评薪的不公平，作风专横，脱离群众等相当严重，这都是与非党人士筑起高墙鸿沟的原因。现在要大家来拆墙填沟，因为不是一朝一夕来的，所以也只好慢慢来。可是无论哪个机关学校，过去官僚主义、宗派主义、教条主义（这叫"三害"，现在大叫"除三害"）越严重的，群众意见越多越尖锐。本来压在那里的，现在有机会放了，就有些不可收拾之势，甚至要闹大民主。对于一般假积极分子，逢迎吹拍，离间群众，使领导偏听偏信的，都加以攻击。爸爸写了一篇短文，大快人心。但是我们体会到过去"三反""思改"时已经犯了错误，损伤了不少好人，这次不能闹大民主，重蹈覆辙，我们要本着毛主席的精神，要和风细雨、治病救人、明辨是非，从团结—批评—团结的愿望出发，希望不要报复，而是善意的互相批评，改善关系，要同心一致地把社会主义事业搞好。当然困难很多，须要党内党外一起来克服的。

楼伯伯请假一月余，到宁波余姚四明山一带体验生活，本月十二日回来就住在我们家，被我们硬留了十天，爸爸要他趁此机会写些文章，否则，借此整风时期，马上回京，就要卷入整风运动，哪有工夫写东西。居然成绩不错，写出了三篇。因为白天爸爸开会，他就上三楼写作，到晚上再谈天。楼伯伯很高兴，住在我们家最随便而不拘束。

关于出版问题，爸爸写了七千多字的长文章，在宣传会议上发言。一致公认他的文章非常公平合理。北京、上海的出版界文艺界都认为要彻底改变现有的制度，出版事业是文化事业，不能以一般企业看待。要把现在合并的出版社分散，结构缩小，精简人员，不能机关化、衙门化。新华书店一网包收的独家发行，改为多边发行，要改善"缺"与"滥"的现象。总之不能像过去那样一意孤行的作风，一定要征求专家及群众的意见。也许北京还要来个全国性的出版会议，商量如何进行改革。

前几天爸爸写了一封信给杰老师，告诉他，如果法国希望你去演奏的话，一定要经过法国方面的邀请，由双方的对外文协接头……

因为中法还没恢复外交关系，只有经过这个组织，互相邀请，互相交流。如果驻波法国使馆人员要提起请你去法国的话，你就把这个组织的名称告诉他们。最好由法国音乐界团体或通过法中友好协会（据说巴黎有此组织）和中国对外文化协会联系。

傅雷先生提出的对于出版业的意见与建议，在今天仍然有现实意义，表现出他作为学者的远见卓识。

一九五八年

八月二日 *

亲爱的聪：

自从四月里接到你的信到现在，足足三个多月了，只字未见，真不知如何的惦念！天天想写信，也天天等你的信，你说叫我们放心，其实怎能放得下心。就是学习忙，工作忙，随便涂几笔，略告些近况，对我们来说于愿已足了。不知你身体如何？为什么几个月的不写信？对我们你是没有顾忌的，应该同忧同乐。阿敏来信，也说写了信给你，始终无回音。七月十九日，他有个波兰同学回国，托他带了些书给你，想你早已收到了吧！国内有时有谣言，说你回来了，我们莫名其妙，不管怎样，你要回来，你总会先写信通知我们的。千句并一句，我们只希望你的来信，多么令人思念的信！

…………

爸爸虽然身体不好，常常失眠，你知道他向来是以工作为乐的，所以只要精神身体吃得消，一面努力学习马列主义，作为自我改造的初步，来提高自己的政治认识、理论基础；一面做些翻译的准备工作。不接到你的信，使他魂梦不安，常常说梦话，这一点是很痛苦的。爸爸这一年来似乎衰老了许多，白发更多了。我也较去年瘦了许多，常常要脸肿脚肿，都是心脏不健全的迹象。孩子，接到此信，赶快写信来，只有你的信，是我同你爸爸唯一的安慰！

这封短信，字里行间所表露的，无不是父母对儿子的牵挂和惦记。无论父母的工作生活遭遇到了什么困难，他们心中最记挂的，永远是远方的孩子，令人感慨。

九月十八日 *

亲爱的聪：

千望万望总算望到了你的信，虽然短短的，但已经给我们不少安慰了，事情也清楚了。我知道你现在正是最忙的时候，既要参加festival〔音乐节〕，又要准备考试。但愿你顺利通过。我想提醒你几件要紧的事，千万不要当作耳边风，静静地想想。（一）你不是有录音机吗？乘在波之便，设法把波方替你录的全部录音录在你自己的机器上，将来带回来，至少自己人可以听听。你千万不可糊涂，一定要争取，你有了这样好的条件，不把录音带回国是可惜的。此事现在开始就要着手办了，等到临时想到，就来不及了，你得好好安排一下。（二）在波兰穿旧的衣袜等，不要随便扔了，回国后正需要旧衣旧鞋。（三）回国前千万不要买东西，国内各方面都在节约，大家以朴素为主。何况你东西多，反而累赘。（四）回国前若有余款，可留在使馆，或者根本送给使馆，不要看重个人利益，宁可节约些留给国家。以上四点，要你注意的，千万要做到。

母亲的提醒和嘱咐，虽然都是关乎儿子的工作和生活，但却自然融入了对国家的情感。爱国，正是体现在这一件件看似微小的事情之中。

一九六一年

六月二十六日晚

亲爱的孩子：

六月十八日信（邮戳十九）今晨收到。虽然花了很多钟点，信写得很好。多写几回就会感到更容易更省力。最高兴的是你的民族性格和特征保持得那么完整，居然还不忘记："一箪食（读如'嗣'）一瓢饮，回也不改其乐。"唯有如此，才不致被西方的物质文明湮没。你屡次来信说我们的信给你看到和回想到另外一个世界，理想气息那么浓的、豪迈的、真诚的、光明正大的、慈悲的、无我的（即你此次信中说的 idealistic，generous，devoted，loyal，kind，selfless）世界。我知道东方西方之间的鸿沟，只有豪杰之士，领悟颖异、感觉敏锐而深刻的极少数人方能体会。换句话说，东方人要理解西方人及其文化和西方人理解东方人及其文化同样不容易。即使理解了，实际生活中也未必真能接受。这是近代人的苦闷：既不能闭关自守，东方与西方各管各的生活，各管各的思想，又不能避免两种精神、两种文化、两种哲学的冲突和矛盾。当然，除了冲突与矛盾，两种文化也彼此吸引，相互之间有特殊的魅力使人神往。东方的智慧、明哲、超脱，要是能与西方的活力、热情、大无畏的精神融合起来，人类可能看到另一种新文化出现。西方人那种孜孜矻矻，白首穷经，只知为学，不问成败的精神还是存在（现在和克利斯朵夫的时代一样存在），值得我们学习。你我都不是大国主义者，也深恶痛绝大国主义，但你我的民族自觉、民族自豪和爱国热忱并无一星半点的排外意味。相反，这是一个有根有蒂的人应有的感觉与感情。每次看到你有这种表现，我都快活得心儿直跳，觉得你不愧为中华民族的儿子！妈妈也为之自豪，对你特别高兴，特别满意。

分析你岳父的一段大有见地，但愿作为你的借鉴。你的两点结论，不幸的婚姻和太多与太早的成功是艺术家最大的敌人，说得太中肯了。我过去为你的婚姻问题操心，多半也是从这一点出发。如今弥拉不是有野心的女孩子，至少不会把你拉上热衷名利的路，让你能始终维持艺术的尊严，维持你严肃朴素的人生观，已经是你的大幸。还有你淡于名利的胸怀，与我一样的自我批评精神，对你的艺术都是一种保障。但愿十年二十年之后，我不在人世的时候，你永远能坚持这两点。恬淡的胸怀，在西方世界中特别少见，希望你能树立一个榜样！

说到弥拉，你是否仍和去年八月初订婚时来信说的一样预备培养她？不是说培养她成一个什么专门人才，而是带她走上严肃、正直、坦白、爱美、爱善、爱真理的路。希望以身作则，鼓励她多多读书，有计划有系统的正规的读书，不是消闲趋时的读书。你也该培养她的意志：便是有规律有系统的处理家务、掌握家庭开支、经常读书等，都是训练意志的具体机会。不随便向自己的 fancy〔幻想，一时的爱好〕让步，也不随便向你的 fancy 让步，也是锻炼意志的机会。孩子气是可贵的，但决不能损害 taste〔品味，鉴赏力〕，更不能影响家庭生活、起居饮食的规律。有些脾气也许一辈子也改不了，但主观上改，总比听其自然或是放纵（即所谓 indulging）好，你说对吗？弥拉与我们通信近来少得多，我们不怪她，但那也是她道义上感情上的一种责任。我们原谅她是一回事，你不从旁提醒她可就不合理，不尽你督促之责了。做人是整体的，对我们经常写信也表示她对人生对家庭的态度。你别误会，我再说一遍，别误会我们嗔怪她，而是为了她太年轻，需要养成一个好作风，处理实际事务的严格的态度；以上的话主要是为她好，而不是仅仅为我们多得一些你们消息的快乐。可是千万注意，和她提到给我们写信的时候，说话要和软，否则反而会影响她与我们的感情。翁姑与媳妇的关系与父母子女的关系大不相同，你慢慢会咂摸到，所以处理要非常细致。

最近几次来信，你对我们托办的事多半有交代，我很高兴。你终于在实际生活方面也成熟起来了，表示你有头有尾，责任感更强了。你的录音机迄未置办，我很诧异；照理你布置新居时，应与床铺在预算表上占同样重要的地位。在我想来，少一两条地毯倒没关系，少一架好的录音机却太不明智。足见你们俩仍太年轻，分不出轻重缓急。但愿你去美洲回来就有能力置办！

…………

我早料到你读了《论希腊雕塑》以后的兴奋。那样的时代是一去不复返的了，正如一个人从童年到少年那个天真可爱的阶段一样。也如同我们的先秦时代、两晋六朝一样。近来常翻阅《世说新语》

（正在寻一部铅印而篇幅不太笨重的预备寄你），觉得那时的风流文采既有点儿近古希腊，也有点儿像文艺复兴时期的意大利；但那种高远、恬淡、素雅的意味仍然不同于西方文化史上的任何一个时期。人真是奇怪的动物，文明的时候会那么文明，谈玄说理会那么隽永；野蛮的时候又同野兽毫无分别，甚至更残酷。奇怪的是这两个极端就表现在同一批人同一时代的人身上。两晋六朝多少野心家，想夺天下、称孤道寡的人，坐下来清谈竟是深通老庄与佛教哲学的哲人！

　　韩德尔的神剧固然追求异教精神，但他毕竟不是公元前四五世纪的希腊人，他的作品只是十八世纪一个意大利化的日耳曼人向往古希腊文化的表现。便是《赛米里》吧，口吻仍不免带点儿浮夸（pompous）。这不是韩德尔个人之过，而是民族与时代之不同，绝对勉强不来的。将来你有空闲的时候（我想再过三五年，你的音乐会一定可大大减少，多一些从各方面进修的时间），读几部英译的柏拉图、色诺芬一类的作品，你对希腊文化可有更多更深的体会。再不然你一朝去雅典，尽管山陵剥落（如丹纳书中所说）面目全非，但是那种天光水色（我只能从亲自见过的罗马和那不勒斯的天光水色去想象）以及巴台农神庙的废墟，一定会给你强烈的激动、狂喜，非言语所能形容，好比四五十年以前邓肯在巴台农废墟上光着脚不由自主地跳起舞来〔《邓肯（Duncun）自传》，倘在旧书店中看到，可买来一读〕。真正体会古文化，除了从小"泡"过来之外，只有接触那古文化的遗物。我所以不断寄吾国的艺术复制品给你，一方面是满足你思念故国，缅怀我们古老文化的饥渴，一方面也想用具体事物来影响弥拉。从文化上、艺术上认识而爱好异国，才是真正认识和爱好一个异国；而且我认为也是加强你们俩精神契合的最可靠的链锁。

石刻画你喜欢吗？是否感觉到那是真正汉族的艺术品，不像敦煌壁画云冈石刻有外来因素。我觉得光是那种宽袍大袖、简洁有力的线条、浑合的轮廓、古朴的屋宇车辆、强劲雄壮的马匹，已使我看了怦然心动，神游于两千年以前的天地中去了（装了框子看更有效果）。

《十八家诗抄》以外，《李白诗文集》想也收到了吧？给你的两把扇子你觉得怎样？最好平日张开着放在玻璃柜内欣赏。给弥拉的檀香扇，买不到更好的，且檀香女扇一向没有画得好的。从这个小包看，东西毕竟是从苏联转的，否则五月十二日寄的包不可能在六月十八日前收到。

几个月来做翻译巴尔扎克《幻灭》三部曲的准备工作，七百五十余页原文，共有一千一百余生字。发个狠每天温三百至四百生字，大有好处。正如你后悔不早开始把肖邦的 *Etudes*〔《练习曲》〕作为每天的日课，我也后悔不早开始记生字的苦功。否则这部书的生字至多只有二三百。倘有钱伯伯那种记忆力，生字可减至数十。天资不足，只能用苦功补足。我虽到了这年纪，身体挺坏，这种苦功还是愿意下的。

你对 Michelangeli〔米开兰琪利〕的观感大有不同，足见你六年来的进步与成熟。同时，"曾经沧海难为水""登东山而小鲁，登泰山而小天下"，也是你意见大变的原因。伦敦毕竟是国际性的乐坛，你这两年半的逗留不是没有收获的。

最近在美国的《旅行家》杂志（*National Geographic*）上读到一篇英国人写的爱尔兰游记，文字很长，图片很多。他是三十年中第二次去周游全岛，结论是："什么是爱尔兰最有意思的东西？——是爱尔兰人。"这句话与你在都柏林匆匆一过的印象完全相同。

以上写了三个半小时，累得很了，还得写英文的呢！望多多休息，勿熬夜太过！

李先生要的谱，别忘了，她对你、对我们都太好了。还有，仑布伯伯要的东西也别忘了，我当年去法国全是受了仑布伯伯的影响与感染，事实上也得到他很大帮助，否则你祖母不肯让我走的，尤其是只身远行。要是我不去法国，很难想象会给你那种艺术教育。这一段历史你该知道，也该记住。而我对帮助过我的亲友，终身铭记在心，有机会就想报答他们于万一。

吃过晚饭，又读了一遍（第三遍）来信。你自己说写得乱七八糟，其实并不。你有的是真情实感，真正和真实的观察、分析、判断，便是杂乱也乱不到哪里去。中文也并未退步；你爸爸最挑剔文字，我说不退步你可相信是真的不退步。而你那股热情和正义感不知不觉洋溢于字里行间，教我看了安慰、兴奋……有些段落好像是我十几年来和你说的话的回声……你没有辜负园丁！

老好人往往太迁就，迁就世俗，迁就褊狭的家庭愿望，迁就自己内心中不大高明的因素；而真理和艺术需要高度的原则性和永不妥协的良心。物质的幸运也常常毁坏艺术家。可见艺术永远离不开道德——广义的道德，包括正直、刚强、斗争（和自己的斗争以及和社会的斗争）、毅力、意志、信仰……

的确，中国优秀传统的人生哲学，很少西方人能接受，更不用说实践了。比如"富贵于我如浮云"，在你我是一条极崇高极可羡的理想准则，但像巴尔扎克笔下的那些人物，正好把富贵作为人生最重要的、甚至是唯一的目标。他们那股向上爬，求成功的蛮劲与狂热，我个人简直觉得难以理解。也许是气质不同，并非多数中国人全是那么淡泊。我们不能把自己人太理想化。

你提到英国人的抑制（inhibition），其实正表示他们狂野强悍的程度，不能不深自敛抑，一旦决堤而出，就是莎士比亚笔下的那些人物，如麦克白斯、奥赛罗等，岂不 wild〔狂放〕到极点？

Bath〔巴斯〕在欧洲亦是鼎鼎大名的风景区和温泉疗养地，无怪你觉得是英国最美的城市。看了你寄来的节目，其中几张风景使我回想起我住过的法国内地古城：那种古色古香，那种幽静与悠闲，至今常在梦寐间出现。说到这里，希望你七月去维也纳，百忙中买一些美丽的风景片给我。爸爸坐井观天，让我从纸面上也接触一下贝多芬、莫扎特、舒伯特住过的名城！

After reading that, I found my conviction that Handel's music, specially his Oratorio is the nearest to the Greek spirit in music strengthened. His optimism, his radiant poetry, which is as simple as one canimagine but never vulgar, his directness and frankness, his pride, his majesty and his almost physical ecstasy. I think that is why when an English chorus sings 'Hallelujah' they suddenly become so wild, taking off completely their usual English inhibition, because at that moment they experience something really thrilling, something like ecstasy…

〔读了丹纳的文章，我更相信过去的看法不错：韩德尔的音乐，尤其神剧，是音乐中最接近希腊精神的东西。他有那种乐天的倾向、豪华的诗意，同时亦极尽朴素，而且从来不流于庸俗，他表现率直、坦白，又高傲又堂皇，差不多在生理上到达一种狂喜与忘我的境界。也许就因为此，英国合唱队唱《哈利路亚》的时候，会突然变得豪放，把平时那种英国人的抑制完全摆脱干净，因为他们那时有一种真正激动心弦，类似出神的感觉。〕

为了帮助你的中文，我把你信中一段英文代你用中文写出。你看看是否与你原意有距离。ecstasy〔狂喜与忘我境界〕一字含义不一，我不能老是用"出神"两字来翻译。像这样不打草稿随手翻译，在我还是破题儿第一遭。

这封长信主要是和儿子探讨东西方文化的差别，纵横古今，对比了各个艺术领域，表现出傅雷先生的博学多识。

一九六三年

三月十七日

聪，亲爱的孩子：

　　两个多月没给你提笔了，知道你行踪无定，东奔西走，我们的信未必收到，收到也无心细看。去纽约途中以及在新墨西哥发的信均先后接读；你那股理想主义的热情确实可敬，相形之下，我真是老朽了。一年来心如死水，只有对自己的工作还是一个劲儿死干；对文学艺术的热爱并未稍减，只是常有一种"废然而返""怅然若失"的心情。也许是中国人气质太重，尤其是所谓"洒脱"与"超然物外"的消极精神影响了我，也许是童年的阴影与家庭历史的惨痛经验无形中在我心坎里扎了根，年纪越大越容易人格分化，好像不时会置身于另外一个星球来看尘世，也好像自己随时随地会失去知觉，化为物质的元素。天文与地质的宇宙观常常盘踞在我脑子里，像服尔德某些短篇所写的那种境界，使我对现实多多少少带着 detached〔超然〕的态度。可是在工作上，日常生活上，斤斤计较的认真还是老样子，正好和上述的心情相反——可以说人格分化；说不定习惯成了天性，而自己的天性又本来和我理智冲突。intellectually〔理智上〕我是纯粹东方人，emotionally & instinctively〔感情上及天性方面〕又是极像西方人。其实也仍然是我们固有的两种人生观：一种是四大皆空的看法，一种是知其不可为而为之的精神。或许人从青少年到壮年到老年，基本上就是从积极到消极的一个过程，只是有的人表现得明显一些，有的人不明显一些。自然界的生物也逃不出这个规律。你将近三十，正是年富力强的时候，好比暮春时节，自应蓬蓬勃勃往发荣滋长的路上趱奔。最近两信的乐观与积极气息，多少也给我一些刺激，接信当天着实兴奋了一下。你的中国人的自豪感使我为你自豪，你善于赏识别的民族与广大人民的优点使我感到宽慰。唯有民族自豪与赏识别人两者结合起来，才不致沦为狭窄的沙文主义，在个人也不致陷于自大狂自溺狂，而且这是爱国主义与国际主义真正的交融。我们的领导对国际形势是看得很清楚的，从未说过美国有爆发国内革命的可能性的话，你前信所云或许是外国记者的揣测和不正确的引申。我们的问题，我觉得主要在于如何建设社会主义，如何在生产关系改变之后发挥个人的积极性，如何从实践上、物质成就上显示我们制度的优越性，如何使口头上的"红"化为事业上的"红"，如何防止集体主义不被官僚主义拖后腿，如何提高上上下下干部的领导水平，如何做到实事求是，如何普及文化而不是降低，如何培养与爱护下一代……

我的工作愈来愈吃力。初译稿每天译千字上下，第二次修改（初稿誊清后），一天也只能改三千余字，几等重译。而改来改去还是不满意（线条太硬，棱角凸出，色彩太单调等）。改稿誊清后（即第三稿）还得改一次。等到书印出了，看看仍有不少毛病。这些情形大致和你对待灌唱片差不多。可是我已到了日暮途穷的阶段，能力只有衰退，不可能再进步；不比你尽管对自己不满，始终在提高。想到这点，我真艳羡你。近来我情绪不高，大概与我对工作不满有关。前五年译的书正在陆续出版。不久即寄《都尔的本堂神甫——比哀兰德》，还有《赛查·皮罗多盛衰记》，约四五月出版。此书于一九五八年春天完成，偏偏最后出世。《艺术哲学》已先寄你了。巴尔扎克各书，我特意寄平装的，怕你要出门时带在身边，平装较方便。《高老头》《贝姨》《邦斯舅舅》《欧也妮·葛朗台》四种都在重印，你若需要补哪一种，望速告知（书一出来，十天八天即销完）。你把 cynic〔玩世不恭〕写成 scinic；naiveness 没有这个字，应作 naivety〔天真〕。

一九六四年

四月十二日

亲爱的孩子：

你从北美回来后还没来过信，不知心情如何？写信的确要有适当的心情，我也常有此感。弥拉去迈阿密后，你一日三餐如何解决？生怕你练琴出了神，又怕出门麻烦，只吃咖啡面包了事，那可不是日常生活之道。尤其你工作消耗多，切勿饮食太随便，营养（有规律进食）毕竟是要紧的。你行踪无定，即使在伦敦，琴声不断，房间又隔音，挂号信送上门，打铃很可能听不见，故此信由你岳父家转，免得第三次退回。瑞士的 tour〔游历〕想必满意，地方既好，气候也好，乐队又是老搭档，瑞士人也喜爱莫扎特，效果一定不坏吧？六月南美之行，必有巴西在内；近来那边时局突变，是否有问题，出发前务须考虑周到，多问问新闻界的朋友，同伦敦的代理人多商量商量，不要临时找麻烦，切记切记！三月十五日前后欧美大风雪，我们看到新闻也代你担忧，幸而那时不是你飞渡大西洋的时候。此间连续几星期春寒春雨，从早到晚，阴沉沉的，我老眼昏花，只能常在灯下工作。天气如此，人也特别闷塞，别说郊外踏青，便是跑跑书店古董店也不成。即使风和日暖，也舍不得离开书桌。要做的事、要读的书实在太多了，不能怪我吝惜光阴。从二十五岁至四十岁，我浪费了多少宝贵的时日！

　　近几月老是研究巴尔扎克，他的一部分哲学味特别浓的小说，在西方公认为极重要，我却花了很大的劲才勉强读完，也花了很大的耐性读了几部研究这些作品的论著。总觉得神秘气息、玄学气息不容易接受，至多是了解而已，谈不上欣赏和共鸣。中国人不是不讲形而上学，但不像西方人抽象，而往往用诗化的意境把形而上学的理论说得很空灵，真正的意义固然不易捉摸，却不至于像西方形而上学那么枯燥，也没那种刻舟求剑的宗教味儿叫人厌烦。西方人对万有的本原，无论如何要归结到一个神，所谓 God〔上帝〕，似乎除了 God〔上帝〕不能解释宇宙，不能说明人生，所以非肯定一个造物主不可。好在谁也提不出证 God〔上帝〕是没有的，只好由他们去说；可是他们的正面论证也牵强得很，没有说服力。他们首先肯定人生必有意义，灵魂必然不死，从此推论下去，就归纳出一个有计划有意志的神！可是为什么人生必有意义呢？灵魂必然不死呢？他们认为这是不辩自明之理，我认为欧洲人比我们更骄傲，更狂妄，更 ambitious〔野心勃勃〕，把人这个生物看作天下第一，所以千方百计要造出一套哲学和形而上学来，证明这个"人为万物之灵"的看法，仿佛我们真是负有神的使命，执行神的意志一般。在我个人看来，这都是 vanity〔虚荣心〕作祟。东方的哲学家玄学家要比他们谦虚得多。除了程朱一派理学家 dogmatic〔武断〕很厉害之

外，别人就是讲什么阴阳太极，也不像西方人讲 God〔上帝〕那么
绝对，凿凿有据，咄咄逼人，也许骨子里我们多少是怀疑派，接受
不了太强的 insist〔坚持〕，太过分的 certainty〔肯定〕。

前天偶尔想起，你们要是生女孩子的话，外文名字不妨叫
Gracia〔葛拉齐亚〕，此字来历想你一定记得。意大利字读音好听，
grace〔雅致〕一字的意义也可爱。弥拉不喜欢名字太普通，大概可
以合乎她的条件。阴历今年是甲辰，辰年出生的人肖龙，龙从云，
风从虎，我们提议女孩子叫"凌云"（Lin Yun），男孩子叫"凌霄"
（Lin Sio）。你看如何？男孩的外文名没有 inspiration〔灵感〕，或者
你们决定，或者我想到了以后再告。这些我都另外去信讲给弥拉听
了（凌云 =to tower over the clouds，凌霄 =to tower over the sky，我和
Mira 就是这样解释的）。

四月十二日 *

亲爱的聪：

自接喜讯以来，我快乐的心情无法抑制，老在计算生产的日
期，弥拉说医生估计在八月里的上两星期，那时正是天气很热的阶
段，想来伦敦医院设备好，不用担心，必有冷气，那产妇就不怎么
辛苦了。最近一个月来，陆陆续续打了几件毛线衣，另外买了一件
小斗篷、小被头，作为做祖母的一番心意，不日就要去寄了，怕你
们都不在，还是由你岳父转的。我也不知对你们合适否？衣服尺寸
都是望空做的，好在穿绒线衣时要九、十月才用得着，将来需要，
不妨来信告知，我可以经常代你们打。孩子的名字，我们俩常在商

量，因为今年是龙年，就根据龙的特性来想，前两星期去新城隍庙看看花草，有一种叫凌霄的花，据周朝祯先生说，此花开在初夏，色带火黄，非常艳丽，我们就买了一棵回来，后来我灵机一动，"凌霄"作为男孩子的名字不是很好吗？声音也好听，意义有高翔的意思；传说龙在云中，那么女孩子叫"凌云"再贴切没有了，我们就这么决定了。再有我们姓傅的，三代都是单名（你祖父叫傅鹏，父雷，你聪），来一个双名也挺有意思。你觉得怎样？

阿敏去冬年假没回来，工作非常紧张，他对教学相当认真，相当钻研，校方很重视他。他最近来信说："我教了一年多书，深深体会到传授知识比教人容易，如果只教书而不教人的话，书绝对教不好，而要教好人，把学生教育好，必须注意身教和言教，更重要的是身教，处处要严格要求自己，以身作则。越是纪律不好的班，聪明的孩子越多，她们就更敏感，这就要求自己以身作则，否则很难把书教好。"他对教学的具体情况，有他的看法，也有他的一套，爸爸非常赞同。你看我多高兴，阿敏居然成长得走正路，这正是我俩教育孩子的目的，我们没有名利思想，只要做好本门工作就很好了，你做哥哥的知道弟弟有些成绩，一定也庆幸。

这两封信里除了必谈的学问之外，还提到了为即将出生的孙儿取名一事。祖父和祖母的信中都提及此事，孩子的名字，寄托了祖父祖母对于孩子的美好期望。

一九六五年

五月二十七日

......新西兰来信今日中午收到。早上先接林医生电话，他们也收到林伯母哥哥的信，报告你的情形，据说信中表示兴奋得了不得，还附有照片。海外侨胞的热爱祖国，真是叫人无话可说。

你谈到中国民族能"化"的特点，以及其他关于艺术方面的感想，我都彻底明白，那也是我的想法。多少年来常对妈妈说：越研究西方文化，越感到中国文化之美，而且更适合我的个性。我最早爱上中国画，也是在二十一二岁在巴黎卢浮宫钻研西洋画的时候开始的。这些课题以后再和你长谈。妙的是你每次这一类的议论都和我的不谋而合，信中有些话就像是我写的。不知是你从小受的影响太深了呢，还是你我二人中国人的根一样深？大概这个根是主要原因。

一个艺术家只有永远保持心胸的开朗和感觉的新鲜，才永远有新鲜的内容表白，才永远不会对自己的艺术厌倦，甚至像有些人那样觉得是做苦工。你能做到这一步——老是有无穷无尽的话从心坎里涌出来，我真是说不出的高兴，也替你欣幸不置！

六月十四日

亲爱的孩子：

　　这一回一天两场的演出，我很替你担心，好姆妈说你事后喊手筋痛，不知是否马上就过去？到伦敦后在巴斯登台是否跟平时一样？那么重的节目，舒曼的 *Toccata*〔《托卡塔》〕和 *Kreisleriana*〔《克莱斯勒偶记》〕都相当别扭，最容易使手指疲劳；每次听见国内弹琴的人坏了手，都暗暗为你发愁。当然主要是方法问题，但过度疲劳也有关系，望千万注意！你从新西兰最后阶段起，前后紧张了一星期，回家后可曾完全松下来，恢复正常？可惜你的神经质也太像我们了！看书兴奋了睡不好，听音乐兴奋了睡不好，想着一星半点的事也睡不好……简直跟你爸爸妈妈一模一样！但愿你每年暑期都能彻底 relax〔放松〕，下月去德国就希望能好好休息。年轻力壮的时候不要太逞强，过了四十五岁样样要走下坡路：最要紧及早留些余地，精力、体力、感情，要想法做到细水长流！孩子，千万记住这话：你干的这一行最伤人，做父母的时时刻刻挂念你的健康——不仅眼前的健康，而且是十年二十年后的健康！你在立身处世方面能够洁身自爱，我们完全放心；在节约精力、护养神经方面也要能自爱才好！

　　你此次两过香港，想必对于我一九六一年春天竭力劝你取消在

214

港的约会的理由，了解得更清楚了，沈先生也来了信，有些情形和我预料的差不多。幸亏他和好姆妈事事谨慎，处处小心，总算平安度过，总的客观反应，目前还不得而知。明年的事第一要看东南亚大局，如越南战事扩大，一切都谈不到。目前对此不能多存奢望。你岳丈想来也会周密考虑的。

此外，你这一回最大的收获恐怕还是在感情方面，和我们三次通话，美中不足的是五月四日、六月五日早上两次电话中你没有叫我，大概你太紧张，当然不是争规矩，而是少听见一声"爸爸"好像大有损失。妈妈听你每次叫她，才高兴呢！好姆妈和好好爹爹那份慈母般的爱护与深情，多少消解了你思乡怀国的饥渴。昨天同时收到他们俩的长信，妈妈一面念信一面止不住流泪。这样的热情、激动，真是人生最宝贵的东西。我们有这样的朋友（李先生六月四日从下午六时起到晚上九时，心里就想着你的演出。上月二十三日就得到朋友报告，知道你大概的节目），你有这样的亲长（十多年来天舅舅一直关心你，好姆妈五月底以前的几封信，他都看了，看得眼睛也湿了，你知道天舅舅从不大流露感情的），把你当作自己的孩子一般，也够幸福了。他们把你四十多小时的生活行动描写得详详细细，自从你一九五三年离家以后，你的实际生活我们从来没有知道得这么多的。他们的信，二十四小时内，我们已看了四遍，每看一遍都好像和你团聚一回。可是孩子，你回英后可曾去信向他们道谢？当然他们会原谅你忙乱，也不计较礼数，只是你不能不表示你的心意。信短一些不要紧，却绝对不能杳无消息。人家给了你那么多，怎么能不回报一星半点呢？何况你只消抽出半小时的时间写几行字，人家就够快慰了！刘抗和陈人浩伯伯处唱片一定要送，张数不拘，也是心意为重。此事本月底以前一定要办，否则一出门，一拖就是几个月。

你新西兰信中提到 horizontal〔横（水平式）的〕与 vertical〔纵（垂直式）的〕两个字，不知是不是近来西方知识界流行的用语？还是你自己创造的？据我的理解，你说的水平的（或平面的，水平式的），是指从平等地位出发，不像垂直的是自上而下的；换言之，"水平的"是取的渗透的方式，不知不觉流入人的心坎里；垂直的是带强制性质的灌输方式，硬要人家接受。以客观的效果来说，前者是潜移默化，后者是被动的（或是被迫的）接受。不知我这个解释对不对？一个民族的文化假如取的渗透方式，它的力量就大而持久。个人对待新事物或外来的文化艺术采取"化"的态度，才可以达到融会贯通、彼为我用的境界，而不至于生搬硬套，削足适履。受也罢，与也罢，从"化"字出发（我消化人家的，让人家消化我的），方始有真正的新文化。"化"不是没有斗争，不过并非表面化的短时期的猛烈的斗争，而是潜在的长期的比较缓和的斗争。谁能说"化"不包括"批判的接受"呢？

还有，你一九六三年十月二十三来信提到你在北欧和维也纳演出时，你的 playing〔演奏〕与理解又迈了一大步；从那时到现在，是否那一大步更巩固了？有没有新的进展、新的发现？不消说，进展必然有，我要知道的是比较重要而具体的进展！身子是否仍能不摇摆（或者极少摇摆）？

一九六三年十二月二十一日来信说在"重练莫扎特的 *Rondo in a min.*〔《a 小调回旋曲》〕，K. 511〔作品五一一号〕和 *Adagio in b min.*〔《b 小调柔板》〕"，认为是莫扎特钢琴独奏曲中最好的作品。记得一九五三年以前你在家时，我曾告诉你，罗曼·罗兰最推重这两个曲子。现在你一定练出来了吧？有没有拿去上过台？还有舒伯特

的 *Landler*〔《德莱尔》〕? 这个类型的小品是否只宜于做 encore piece〔加奏乐曲〕? 我简直毫无观念。莫扎特以上两支曲子，几时要能灌成唱片才好！否则我恐怕一辈子听不到的了。

十月四日

聪：

九月二十九日起眼睛忽然大花，专科医生查不出原因，只说目力疲劳过度，且休息一个时期再看。其实近来工作不多，不能说用眼过度，这几日停下来，连书都不能看，枯坐无聊，沉闷之极。但还想在你离英以前给你一信，也就勉强提起笔来。

两周前看完《卓别林自传》，对一九一〇至一九五四年间的美国有了一个初步认识。那种物质文明给人的影响，确非我们意料所及。一般大富翁的穷奢极欲，我实在体会不出有什么乐趣而言。那种哄闹取乐的玩意儿，宛如五花八门、光怪陆离的万花筒，在书本上看看已经头晕目迷，更不用说亲身经历了。像我这样，简直一天都受不了；不仅心理上憎厌，生理上、神经上也吃不消。东方人的气质和他们相差太大了。听说近来英国学术界也有一场论战，有人认为要消灭贫困必须工业高度发展，有的人说不是这么回事。记得一九三〇年代我在巴黎时，也有许多文章讨论过类似的题目。改善生活固大不容易；有了物质享受而不受物质奴役，弄得身不由主，无穷无尽的追求奢侈，恐怕更不容易。过惯淡泊生活的东方旧知识分子，也难以想象二十世纪西方人对物质要求的胃口。其实人类是最会生活的动物，也是最不会生活的动物；我看关键是在于自我克制。以往总觉得奇怪，为什么结婚离婚在美国会那么随便。《卓别林自传》中提到他最后一个（也是至今和好的一个）妻子乌娜时，有两句话：As I got to know Oona I was constantly surprised by her sense of humor and tolerance; she could always see the other person's point of view…〔自从我认识乌娜后，发现她幽默又耐心，常令我惊喜不已；她总能设身处地，善解人意……〕从反面一想，就知道一般美国女子的性格，就可部分地说明美国婚姻生活不稳固的原因。总的印象：美国的民族太年轻，年轻人的好处坏处全有；再加工业高度发展，个人受着整个社会机器的疯狂般的 tempo〔节奏〕推动，越发盲目，越发身不由主，越来越身心不平衡。这等人所要求的精神调剂，也只能是粗暴、猛烈、简单、原始的娱乐；长此以往，恐怕谈不上真正的文化了。

　　二次大战前后卓别林在美的遭遇，以及那次大审案，都非我们所能想象。过去只听说法西斯蒂在美国抬头，到此才看到具体的事例。可见在那个国家，所谓言论自由、司法独立等的好听话，全是骗骗人的。你在那边演出，说话还得谨慎小心，犯不上以一个青年艺术家而招来不必要的麻烦。于事无补，于己有害的一言一语，一举一动，都得避免。当然你早领会这些，不过你有时仍旧太天真、太轻信人（便是小城镇的记者或居民也难免没有密探注意你），所以不能不再提醒你！

1. 阅读这些信件，走近一代大家傅雷。

2. 探究傅雷的教子之道，理解父子之爱、朋友之谊、知己之情的交融。

3. 把握每封信的主要内容，了解作者的观点态度，体会其中的期望和情感。

4. 体会作者对儿子的舐犊之情的同时，理解并阐述父母对自己的爱。

【导入】

秋　思

【唐】张　籍

洛阳城里见秋风，欲作家书意万重。

复恐匆匆说不尽，行人临发又开封。

这是一首关于"家书"的精彩思乡诗，虽然很短，却让人回味无穷。诗人想要写封家书问候家人，却因为想说的话太多而不知从何说起，好不容易写出了一封信，捎信的人马上就要离开了，却又拆开信封再次检查，唯恐家书没有完全表达出自己想要说的话……"复恐匆匆说不尽，行人临发又开封"，14个字即写出了诗人内心那复杂的情感，读来让人感慨。

如今的我们，生于和平年代，交通和通讯又如此发达，对于家书似乎没有什么概念，很难体会到诗人当时的心情，更遑论感受杜甫在战乱年代那"烽火连三月，家书抵万金"的焦灼。

其实，家书文化在中国源远流长，它是连接游子和故乡最重要的载体，是承载家族文明的传家宝。传统家书传承的是优秀家风，它不仅用来传递情感，更是传递教育理念、做人道理、处世智慧，使经典的家训、良好的家教、淳朴的家风得以薪火相传。

一、作品介绍

【内容介绍】

《家书》是傅雷及其夫人在 1954 年至 1966 年写给他儿子傅聪的家信，字里行间充满了父亲对孩子的爱，对国家和世界的高尚情感。那时，傅聪远在国外留学学习音乐，父亲便通过写信的方式关心、教育儿子，这对于异乡的儿子来说，或是莫大的鼓舞和动力。同时，也表达出了父亲对儿子的殷切希望、深沉的爱以及对音乐艺术的切身感受。

这部由数百封信组成的家书，贯穿了从 1954 年傅聪出国留学到演奏成名，再到结婚生子的成长经历，同时也是傅雷一家命运起伏的真实写照。在家书中，傅雷总是会先从生活中的小事出发，关心儿子，其温情随处可见；然后把儿子当成探讨艺术、讨论音乐的对手来对待，相互切磋对艺术的见解，用这样的方式传达父亲对儿子独特的爱；再用极其有哲理的话语激励、鼓舞儿子，给儿子的人生道路做指导，更是对儿子的一种鼓励和鞭策。

【傅聪其人】

傅聪（1934——），著名的"钢琴诗人"，华人音乐家。他是我国第一位获得国际音乐比赛大奖的钢琴家，是华人音乐家扬名国际乐坛的典范。20 世纪 60 年代美国《时代周刊》誉其为"当今最伟大的中国音乐家"。

1955 年 3 月，傅聪在波兰获"第五届肖邦国际钢琴比赛"第三名和"玛祖卡"最优奖。来自世界各地的 74 名选手中，傅聪是唯一的中国选手，也是音乐资历最为薄弱的一位选手。经三轮比赛，他以与前两名相近的分数获第三名，还获《玛祖卡》演奏最优奖。这是东方人首次在肖邦比赛中取得的突出成绩。虽为第三，但傅聪的演奏魅力，使他成为该届比赛中引人注目的人物。

　　此后，傅聪不断学习，驰骋于国际音乐舞台，举行了 2400 多场独奏音乐会，录制了 50 多张唱片。他的演奏蕴涵着对中国传统艺术意境的把握，因此获得"钢琴诗人"的美名。他的成功，特别是将中国传统文化与钢琴音乐文化融合的出色演绎，与父亲傅雷的精心栽培是分不开的。1976 年以后，傅聪几乎每年都回国演奏、讲学，博得广大师生及音乐爱好者的赞扬和尊敬。

【名家评价】

　　中国现代文化史上，有两个人很重要，一个是"不宽恕"的鲁迅先生，另一个是"有大爱"的他——傅雷先生。

——钱钟书（著名作家、文学研究家）

　　傅雷的艺术造诣是极为深厚的，对古今中外的文学、绘画、音乐各个领域都有极渊博的知识。

——楼适夷（现代作家、翻译家、出版家）

　　傅雷非常爱这个国家，所以对这个国家的要求也很严格。他爱他自己的文章，爱他所翻译的作家的作品，所以对它们非常认真。

——黄苗子（当代知名漫画家、书法家、作家）

　　傅雷先生的家书，是一位中国君子教他的孩子如何做一个真正的中国君子。

——金庸（当代武侠小说大家、新闻学家）

他并不是空讲一些抽象的大道理，而是常常在晓之以理的同时，动之以情，以具体的形象去感染他的儿子的心。

——《人民日报》

读《傅雷家书》，我们可以看到傅雷的胸襟，傅雷的气象，傅雷的境界。博大、开阔、善良、温厚、光明、纯净，"恢恢然，广广然，昭昭然，荡荡然"，"视其色如春阳之温，听其言如时雨之润"，和那种武断、骄横、褊狭、刻薄的所谓"名人风度"真有天壤之别。

——叶朗（北京大学哲学系教授）

二、作者简介

中文名：傅雷

字：怒安

号：怒庵

国籍：中国

民族：汉族

出生地：江苏省南汇县（今上海市南汇区）

出生日期：1908 年 4 月 7 日

逝世日期：1966 年 9 月 3 日

职业：著名翻译家、作家、教育家、美术评论家

毕业院校：法国巴黎大学

主要成就：他的译作是中国翻译界备受推崇的范文，形成了"傅雷体华文语言"。他多艺兼通，在绘画、音乐、文学等方面，均显

示出独特的高超的艺术鉴赏力。

代表作品：《约翰·克利斯朵夫》《贝多芬传》《米开朗琪罗传》《托尔斯泰传》《高老头》《欧也妮·葛朗台》《傅雷家书》

傅雷（1908—1966），字怒安，号怒庵，江苏人。他是我国著名的翻译家、作家、教育家、文艺评论家以及美术评论家，他是中国民主促进会（民进）的重要缔造者之一。1920 年，他进入上海南洋公学附属小学读书，第二年考入上海天主教创办的徐汇公学。1924 年，他因反迷信、反宗教被学校开除，而后考入上海大同大学附属中学。1928 年，他到法国巴黎大学留学，专攻美术理论和艺术评论。

1931 年，他回归祖国，在上海美术专科学校担任校办公室主任，兼教美术史及法文，并致力于法国文学的翻译。翻译的作品主要有罗曼·罗兰的《约翰·克利斯朵夫》《贝多芬传》《米开朗琪罗传》《托尔斯泰传》等，巴尔扎克的《高老头》《亚尔培·萨伐龙》《欧也妮·葛朗台》等，伏尔泰的《老实人》《天真汉》等。他翻译的作品行文流畅、文笔传神、态度严谨。

通过《家书》不难看出，傅雷在文学、音乐、美术理论、美学批评等领域多有建树，体现出勤奋、正直、热心、严谨、慈爱的美德，在对儿子谆谆教导的同时，始终不忘对国家、对社会倾尽所有去热爱。

三、阅读建议

【阅读规划】

新课标要求，每分钟阅读不少于 500 字。全书共计 115 千字，阅读完全书需要 4 小时。但是，鉴于傅雷先生学养深厚，涉猎广泛，文中涉及古今中外文学、历史、音乐、美术、哲学等多个领域，所以建议用一周时间完成整本书的阅读及相关活动。

时间安排如下：

周一至周五每天 1 小时，快速阅读。

周一：第一章的《一九五四年》《一九六〇年》《一九六一年》《一九六二年》《一九六三年》《一九六四年》。

周二：第一章的《一九六五年》《一九六六年》，第二章的《一九五四年》《一九五五年》《一九五六年》《一九五八年》。

周三：第二章的《一九五九年》《一九六〇年》《一九六三年》，第三章的《一九五四年》《一九五六年》《一九六〇年》。

周四：第三章的《一九六一年》《一九六三年》《一九六四年》《一九六五年》，第四章的《一九五五年》《一九五六年》。

周五：第四章的《一九五七年》《一九五八年》《一九六一年》《一九六三年》《一九六四年》《一九六五年》。

快速通读全书时，建议做好读书笔记：

1. 随手圈画重点词句、精彩语句、关键句段、有疑问处、深有体会处等，根据习惯做不同标记。

2. 边读边思考，探索总结主要内容。

3. 按照阅读速度完成相应的思考练习，测评自己的阅读效果。

周六、周日每天 2 小时，精读。

本书的内容十分丰富，你可能对文学、音乐、美术、哲学等各个领域有兴趣，也可能会被作者的舐犊情深所感动，也可能对当时社会生活中的问题有所关注……选择你最感兴趣的篇目进行精读即可。

1. 精读第一章《一九五四年》之《一月十八日晚/十九日晚》。这两封家书里既写出了父母对儿子的思念和担忧，又有父亲对于以往不当教育方式的愧疚，饱含着一个父亲对儿子最深切的爱。注意体会作者用词，如"惊醒""心惊肉跳""抽痛""难过"，表现出父母的什么心理？父亲为什么说"尽管我埋葬了自己的过去，却始终埋葬不了自己的错误"？

2. 精读第一章《一九五四年》之母亲书信《一月三十日晚》《六月二十九日》。儿行千里母担忧，母亲对儿子的关怀，事无巨细，一件一件，体贴而周到。一句一句细细的叮咛，表现出母亲对儿子无私的爱。仔细体会文中表达母爱的词句，想想，为什么在父母的心中，子女的健康成长比成功更为重要？

3. 精读第一章《一九五四年》之《十一月六日午》。通过对待客过程的描写，表现出中国人的待客之道——真诚热情，不失礼仪。同时，我们也能看出，中华文化虽源远流长，但对外传播还十分有限。每一个有能力的中国人都应担负起传播中华优秀文化的责任。为什么说"学会控制"是人生修养的一个大项目？如何才能学会控制？

4. 精读第一章《一九六一年》之《五月二十三日/二十四日》。这两封信集中阐述了两个问题：一是理财，二是计划。其实这两个问题又有着内在的联系：理财要有方法，有系统，并不与重视物质有必然的联系，而只是为了不吃物质的亏而采取的预防措施；正如日常生活有规律，并非求生活刻板枯燥，而是为了争取更多的时间，节省更多的精力来做些有用的事，读些有益的书，享受人生。借此好好思考下自己的金钱观。

5. 精读第一章《一九六一年》之《十月五日深夜》。这封信父亲反复提醒儿子：要多亲近大自然，从大自然中汲取更多的艺术创作灵感；学会调节工作与生活的关系，学会调节艺术与物质的关系。这对我们也有极大的启示，任何学习都不能脱离了生活和大自然。

6. 精读第一章《一九六五年》之母亲书信《十一月二十六日》。这封家书，想必儿子读时定会潸然泪下。辛勤工作一生的父母，老来却疾病缠身，晚景凄凉。尽管如此，仍然辛苦奔波，不愿连累儿子，令人动容和感慨。想想自己的父母，他们是不是也有着不为子女所知的辛酸？

7. 精读第二章《一九五四年》之《四月七日》。这封家书里，傅雷对于外语学习的方法，积极行动、做事有始有终，养成良好时间观念、分清事情轻重缓急的看法，不仅对傅聪，对我们每一个人都有指导意义。想想为什么傅雷说"不能充分掌握时间与区别事情的缓急先后，你的一切都会打折扣"？

8. 精读第二章《一九五四年》之《八月十六日晚》。中华民族是礼仪之邦，向来重视对孩子的礼仪教育。所以这封信里主要谈了礼仪的问题，从穿衣、用餐到表演和谢幕，从生活和工作学习两方面对儿子的礼仪提出了要求。值得我们注意的是，不同地方的礼仪有很多不同之处，无论到何地，我们都应当尊重当地礼仪习惯，做有礼之人。

9. 精读第二章《一九五五年》之《三月二十一日上午》。这又是一封富含哲理的信，在肯定儿子成绩，并为此感到骄傲和自豪的同时，不忘提醒儿子保持清醒的头脑，保持追求完美的心态。结合自己的经历，谈谈逆境和挫折对你的学习产生了什么样的影响？

10. 精读第二章《一九五五年》之《三月二十七日夜》。父亲在信中时常提醒儿子：身在国外，所代表的不仅仅是个人，而是代表着整个国家。爱国不一定非要做一番惊天动地的大事，而是要在日常的平凡生活中，一点一滴，尽自己所能传播中外文化。作为学生，在我们的日常学习和生活中，怎样做到爱国？

11. 精读第二章《一九五六年》之《一月四日深夜》。父亲在这封信中提醒儿子，要合理规划时间，做到日常生活科学化、计划化、纪律化。这一点对我们也十分重要。回想一下，我们曾经制定了很多计划，有多少是坚决执行的呢？

12. 精读第三章《一九五四年》之《七月二十七日深夜／二十八日午夜》。这两次信主要与儿子谈论诗歌鉴赏，既展现了父亲深厚的古典文化基础，也表明父亲性格中喜爱浪漫的一面。父亲希望借由古典诗词之美，对儿子的学业有所助益。那么，父亲为什么要在信中用大篇幅与儿子谈论古典诗词？

【专题讨论】

1. 围绕感兴趣的专题，选取相关章节精读。精读时注意梳理相关内容，记下自己的思考。

2. 小组分享阅读感受，或者提出疑问，与大家交流。其间收集话题并归类总结，不宜超过 5 个焦点话题，选定最终的阅读结果的呈现方式，小组成员分头准备。

3. 为成果展示做准备。查阅相关文章、资料，加深理解。

4.总结展示，PPT、情景剧、对白等都可。

专题　选取文中的相关内容，谈谈傅雷主要从哪些方面对儿子进行了教育？

傅雷的教子之道

傅雷的《家书》，跟《曾国藩家书》一样，被奉为"教育圣经"。金庸曾评价说："傅雷先生的家书，是一位中国君子教他的孩子如何做一个真正的中国君子。"楼适夷说："他给我的印象是非常深刻的，看到他与孩子写的书信，我为他爱子、教子的精神所感动。"

傅雷对儿子的教育，体现在生活细节、人际交往、读书求学、经济规划、人格发展等各个方面，值得我们好好学习。

一、生活细节：

你素来有两个习惯：一是到别人家里，进了屋子，脱了大衣，却留着丝围巾；二是常常把手插在上衣口袋里，或是裤袋里。这两件都不合西洋的礼貌。围巾必须和大衣一同脱在衣帽间，不穿大衣时，也要除去围巾。手插在上衣袋里比插在裤袋里更无礼貌，切忌切忌！何况还要使衣服走样，你所来往的圈子特别是有教育的圈子，一举一动务须特别留意。对客气的人，或是师长，或是老年人，说话时手要垂直，人要立直。你这种规矩成了习惯，一辈子都有好处。

在饭桌上，两手不拿刀叉时，也要平放在桌面上，不能放在桌下，搁在自己腿上或膝盖上。你只要留心别的有教养的青年就可知道。刀叉尤其不要掉在盘下，叮叮当当的！

出台行礼或谢幕，面部表情要温和，切勿像过去那样太严肃。

这与群众情绪大有关系，应及时注意。只要不急，心里放平静些，表情自然会和缓。

……

傅雷在这里主要谈了礼仪教育的问题，从穿衣、用餐到表演和谢幕，从生活和工作学习两方面对儿子的礼仪提出了要求。

二、人际交往：

我只想提醒你几点：第一，世界上最有力的论证莫如实际行动，最有效的教育莫如以身作则；自己做不到的事千万勿要求别人；自己也要犯的毛病先批评自己，先改自己的。

只有事实才能证明你的心意，只有行动才能表明你的心迹。待朋友不能如此马虎。生性并非"薄情"的人，在行动上做得跟"薄情"一样，是最冤枉的，犯不着的。正如一个并不调皮的人要调皮而结果反吃亏，一个道理。

我一生遇到重大的问题，很少不是找几个内行的、有经验的朋友商量的；反之，朋友有重大的事也很少不来找我商量的。我希望和你始终能保持这样互相帮助的关系。

对外国朋友固然要客气，也要阔气，但必须有分寸。……人的心理是：难得收到的礼，是看重的，常常得到的不但不看重，反而认为是应享的权利，临了非但不感激，倒容易生怨望。所以我特别要嘱咐你"有分寸"！

……

对待朋友，傅雷主张言行一致，以身作则，以诚待人，但也要注意分寸的把握。在遇到困难时，他指出，内行专业人士、有经验的朋友是人生路上必需的，至少会避免好多弯路。

三、读书求学：

读俄文别太快，太快了记不牢，将来又要从头来过，犯不上。一开始必须从容不迫，位与格均须要记忆，你应付考试般临时强记是没用的。现在读俄文只好求一个大概，勿野心太大；主要仍须加功夫在乐理方面，外文总是到国外去念进步更快。目前贪多务得，实际也不会如何得益，切记切记！望主动向老师说明，至少过二三月方可加快速度。

开音乐会的日子，你仍维持八小时工作；你的毅力、精神、意志，固然是惊人，值得佩服，但我们毕竟为你操心。孩子，听我们的话，不要在已经觉得疲倦的时候再force〔勉强〕自己。多留一分元气，在长里看还是占便宜的。尤其在比赛以前半个月，工作时间要减少一些，最要紧的是保养身心的新鲜，元气充沛，那么你的演奏也一定会更丰满，更fresh〔清新〕！

……

傅雷指导儿子如何学习俄文的方法，中肯实用。一切学问皆没有速成的，尤其是语言。另外他也特别教导儿子，无论做什么事，都要懂得劳逸结合，艺术也是如此。这对我们的学习，也是一个很好的启示。

四、经济规划：

我不和人争利，但也绝不肯被人剥削，遇到这种情形不能不争——这也是我与你不同之处。但你也知道，我争的还是一个理而不是为钱，争的是一口气而不是为的利。

理财有方法，有系统，并不与重视物质有必然的联系，而只是为了不吃物质的亏而采取的预防措施。

我深知一个艺术家在西方世界中保持独立多么不容易，而唯有经济有切实保障才能维持人格的独立。

衣、食、住、行的固定开支，每月要多少，零用要多少，以量入为出的原则全面做一个计划，然后严格执行。

"理财"，若作为"生财"解，固是一件难事，作为"不亏空而略有储蓄"解，却也容易做到。……既然要保持清白，保持人格独立，又要养家活口，防旦夕祸福，更只有自己紧缩，将"出口"的关口牢牢把住。"入口"操在人家手中，你不能也不愿奴颜婢膝的乞求；"出口"却完全操诸我手，由我做主。

傅雷的金钱观值得我们借鉴。他教育儿子要学会勤俭持家、理性消费；艺术家也不能脱离生活，精神生活是要建立在物质基础之上；不与人争利，但也绝不能被剥削；理财要有方法，有系统，并不与重视物质有必然的联系，而只是为了不吃物质的亏而采取的预防措施。

五、人格发展：

你得抓住时间，提高警惕，非苦修苦练，不足以报效国家，对得住同胞。看重自己就是看重国家。不要忘记了祖国千万同胞都在自己的岗位上努力，为人类的幸福而努力。

旅途辛苦，演出劳累，难免神经脆弱，希望以最大的忍耐控制一切，处处为了此行的使命与祖国荣辱攸关着想。

我始终认为弄学问也好，弄艺术也好，顶要紧是 humain〔法语，人〕，要把一个"人"尽量发展，没成为某某家某某家以前，先要学做人；否则那种某某家无论如何高明也不会对人类有多大贡献。

你如今每次登台都与国家面子有关；个人的荣辱得失事小，国家的荣辱得失事大！你既热爱祖国，这一点尤其不能忘了。

所以做艺术家先要学做人。艺术家一定要比别人更真诚，更敏感，更虚心，更勇敢，更坚忍，总而言之，要比任何人都 less imperfect〔较少不完美之处〕！

傅雷对儿子的要求，首先是做人，其次是艺术家，再次是一个音乐家，最后才是一个钢琴家。他时刻教导儿子要知道国家荣辱，要以国家利益为重，在他看来，爱国是一件义不容辞的事情。

【读后感】

《傅雷家书》是我国著名翻译家和文艺评论家傅雷先生及其夫人写给儿子傅聪的书信集。主要收录了傅雷先生和夫人在 1954 年至 1966 年间写给儿子的书信，篇幅长者近万言，短者二三百字。数百封书信，贯穿着傅聪出国学习、成名到结婚生子的成长经历，也映照着傅雷先生的工作和生活以及命运的起伏。字里行间，凝聚着傅雷夫妇对祖国、对儿子深厚的爱。

父亲的信多是与儿子谈艺术、谈工作和学习、谈思想、谈为人处世，向儿子灌输一个艺术家应有的高尚情操，让儿子知道国家的荣辱、艺术的尊严，做一个德艺俱备，人格卓越的艺术家。母亲的信则更关注日常琐事，事无巨细地关心儿子生活的点点滴滴。正是因为有这样的严父慈母，傅聪才能成为一位卓越的钢琴家。

书信中的语言都是质朴的家常话，仿佛父子对坐而谈，亲切而温暖。年纪小时读这些家书尚不能体会傅雷先生的良苦用心，但当人生有所经历的时候再看，就会感到弥足珍贵，字字珠玑。尤其是傅雷先生经历变故，疾病缠身之后仍然为儿子呕心沥血，读时令人潸然泪下。

四、阅读考查

（一）填空题

1.《家书》主要讲的是_____。

2.傅雷是我国著名文学_____家、文艺_____家。他翻译的作品有_____部，他从20世纪30年代起就致力于_____国文学的译介工作。

3.《家书》是傅雷写给_____的。

4.在1954年3月24的一封家信中，傅雷表明了自己生活的准则：_____第一，_____第一，_____第一。

5.傅雷素来主张教育的原则，即父母应该给孩子的人生信条是：先为_____，次为_____，再为_____，终为_____。

6._____教授是傅聪留学波兰时的钢琴老师，是著名的学者，钢琴教育家。

7.《家书》在12月的家信中，傅雷说"毛选"中的_____及_____可多看看，因为这两篇文章可以帮助傅聪深切了解马列主义及辩证法，加强理智和分析能力。

8.真的，巴尔扎克说得好：_____。

9.傅雷告诫儿子，过多的音乐能麻痹人的感觉，使表演缺少生气与新鲜感，从而损害自己的艺术，长此以往，大有成为_____，甚至_____的危险。

10.一切做人的道理，你心里无不明白，吃亏的是_____，希望你从今以后，一辈子记住这一点_____。

（二）选择题

1.傅雷是一个（　　）的父亲。

　　A.严厉尽责　　　　B.慈祥仁厚　　　　C.和蔼可亲

2.《傅雷家书》凝聚着傅雷先生对（　　）的爱。

　　A.祖国、儿子　　　B.父母　　　　　　C.妻子

3. 傅雷对儿子的指导，是像（　　　）一样提出建议和意见。

    A. 良师益友　　　　　B. 老师　　　　　　　C. 好朋友

4. 傅雷希望儿子成为（　　　）的人。

    A. 严肃正直

    B. 随和

    C. 乐观坚强、敢于正视错误

5. 傅雷认为中国有史以来最好的文学批评是（　　　）

    A. 资治通鉴　　　　　B. 论语　　　　　　　C. 人间词话

6. 傅雷教育儿子的信条是（　　　）

    A. 艺术上要取得成就

    B. 随遇而安

    C. 先为人，次为艺术家，再为音乐家，终为钢琴家

7. 傅雷教育儿子要做一个（　　　）的艺术家。

    A. 德艺兼备、人格卓越　　　　　　B. 技艺精湛

8. 傅雷说，他最不赞成（　　　）

    A. 自己责备自己而不表现

    B. 做错以后情绪不高

    C. 做错以后若无其事

9. 傅雷通过书信训练傅聪的，不但是文笔，尤其是（　　　）

    A. 情怀　　　　　　　B. 思想　　　　　　　C. 情商

10. 傅雷说，世界上最纯洁的欢乐，莫过于欣赏（　　　）

    A. 艺术　　　　　　　B. 书籍　　　　　　　C. 书法

11. 人一辈子都在（　　　）中浮沉，唯有唐碌的人生活才如一潭死水

    A. 高潮——低潮　　　B. 平常　　　　　　　C. 烦恼

（三）问答题

1. 傅雷家书的写作特点，表现怎样不一样的父爱？

2. 傅雷在给傅聪的信里这样说："长篇累牍的给你写信，不是空唠叨，不是莫名其妙的 gossip，而是有好几种作用的"，这些作用是什么？

3. 傅雷说："人一辈子都在高潮——低潮中浮沉，唯有庸碌的人，生活才如死水一般；或者要有极高的修养，方能廓然无累，真正的解脱。"这句话的意思是什么？说说你的理解。

4. 阅读了《傅雷家书》，你能看出傅雷与儿子傅聪之间除了血肉相连的父子关系，还是什么关系？（提示：至少还有三种关系）

5. 傅雷在家书中举克利斯朵夫的例子的用意是什么？

6. 结合书信内容，说说傅雷眼中"坚强"的含义是什么？

7. 对"赤子之心"和"孤独"，你是怎样理解的？

（四）阅读理解

1.阅读下面文字，回答问题。

　　你走后第二天，就想写信，怕你嫌烦，也就罢了。可是没一天不想着你，每天清早六七点就醒，翻来覆去睡不着，也说不出为什么。好像克利斯朵夫的母亲独自守在家里，想起孩子童年一幕幕的形象一样；我和你妈妈老是想着你二三岁到六七岁间的小故事——这一类的话我们不知有多少可以和你说，可是不敢说，你这个年纪是一切向前的，不愿意回顾的；我们啰里啰唆抖出你尿布时代及一把鼻涕一把眼泪时代的往事，会引起你的憎厌。孩子，这些我都很懂得，妈妈也懂得。只是你的一切终身会印在我们脑海中，随时随地会浮起来，像一幅幅的小品图画，使我们又快乐又惆怅。

　　真的，你这次在家一个半月，是我们一生最愉快的时期；<u>这幸福不知应当向谁感谢，即使我没宗教信仰，至此也不由得要谢谢上帝了！我高兴的是我又多了一个朋友；儿子变成朋友，世界上有什么事可以和这种幸福相比的！</u>尽管将来你我之间离多别少，但我精神上至少是温暖的，不孤独的。我相信我一定会做到不太落伍，不太冬烘，不至于惹你厌烦。也希望你不要以为我在高峰的顶尖上所想的，所见到的，比你们的不真实。年纪大的人终是往更远的前途看，许多事你们一时觉得我看得不对，日子久了，_____。

　　孩子，我从你身上得到的教训，恐怕不比你从我得到的少。尤其是近三年来，你不知使我对人生多增了几许深刻的体验，我从与你相处的过程中学到了忍耐，学到了说话的技巧，学到了把感情升华！

　　你走后第二天，妈妈哭了，眼睛肿了两天：这叫作悲喜交集的眼泪。我们可以不用怕羞的这样告诉你，也可以不担心你憎厌而这样告诉你。人毕竟是感情的动物，偶然流露也不是可耻的事。何况母亲的眼泪永远是圣洁的，慈爱的！

（一九五四年一月三十日晚）

（1）"这一类的话我们不知有多少可以和你说"中的"这一类的话"指什么？（用原文回答，15字以内）

（2）令作者"又快乐又惆怅"的是什么事？为什么说它是"又快乐又惆怅"的？

（3）在第二自然段中，作者写道："你这次在家一个半月，是我们一生最愉快的时期。"作者说这话的原因是什么？（用原文回答，10字以内）

（4）画波浪线的两处表达了作者强烈的愉悦之情，请从语言运用的角度选择其中一处来分析，说说它何以能表达出强烈的感情。

（5）从本文语言特色考虑，填入横线上的应是下面哪一句？简要说明理由。

①现实却给你证明，我是对的。

②现实却给你证明我并没大错。

（6）家书反映出傅雷对两代人如何相处的一些看法。通读全文，回答下面的问题。

①傅雷认为在两代人相处中，青年人应持有怎样的态度？

②傅雷认为在两代人相处中，长辈应克服自身哪些弱点？

③傅雷希望两代人建立怎样的关系？

2.阅读下面文字，回答问题。

你车上的信写得很有趣，可见只要有实情、实事，不会写不好信。你说到李、杜的分别，的确如此。写实正如其他的宗派一样，有长处也有短处。短处就是雕琢太甚，缺少天然和灵动的韵致。但杜也有极浑成的诗，例如"风急天高猿啸哀，渚清沙白鸟飞回。无边落木萧萧下，不尽长江滚滚来……"这首胸襟意境都与李白相仿佛。还有《梦李白》《天末怀李白》几首，也是缠绵悱恻，至情至性，非常动人的。但比起苏、李的离别诗来，似乎还缺少一些浑厚古朴。这是时代使然，无法可想的。汉魏人的胸怀比较更近原始，味道浓，苍茫一片千古之下，犹令人缅想不已。杜甫有许多田园诗，虽然受渊明影响，但比较之下，似乎也"隔"（王国维语）了一层。回过来说：写实可学，浪漫底克不可学；故杜可学，李不可学；国人谈诗的尊杜的多于尊李的，也是这个缘故。而且究竟像太白那样的天纵之才不多，共鸣的人也少。所谓曲高和寡也。同时，积雪的高峰也令人有"琼楼玉宇，高处不胜寒"之感，平常人也不敢随便瞻仰。

词人中苏、辛确是宋代两大家，也是我最喜欢的。苏的词颇有些咏田园的，那就比杜的田园诗洒脱自然了。此外，欧阳永叔的温厚蕴藉也极可喜，五代的冯延巳也极多佳句，但因人品关系，我不免对他有些成见。

……在外倘有任何精神苦闷，也切勿隐瞒，别怕受埋怨。一个人有个大二十几岁的人代出主意，决不会坏事。你务必信任我，也不要怕我说话太严，我平时对老朋友讲话也无顾忌，那是你素知的。并且有些心理波动或是郁闷，写了出来等于有了发泄，自己可痛快些，或许还可免做许多傻事。孩子，我真恨不得天天在你旁边，做个监护的好天使，随时勉励你，安慰你，劝告你，帮你铺平将来的路，准备将来的学业和人格。

（一九五四年七月二十七日深夜）

（1）傅雷先生在和儿子谈论中国古典文学时提出了哪些独到见解？

（2）作者为什么要儿子多看中国文学类的书籍？

（3）结合选文内容分析《傅雷家书》的艺术特色。

3. 阅读下面文字，回答问题。

　　我前晌对恩德说："音乐主要是用你的脑子，把你朦朦胧胧的感情（对每一个乐曲，每一章，每一段的感情）分辨清楚，弄明白你的感觉究竟是怎么一回事；等到你弄明白了，你的境界十分明确了，然后你的 technic〔技巧〕自会跟踪而来的。"你听听，这话不是和 Richter〔李赫特〕说的一模一样吗？我很高兴，我从一般艺术上了解的音乐问题，居然与专门音乐家的了解并无分别。

　　技巧与音乐的宾主关系，你我都是早已肯定了的；本无须逢人请教，再在你我之间讨论不完，只因为你的技巧落后，存了一个自卑感，我连带也为你操心；再加近两年来国内为什么 school〔学派〕，什么派别，闹得惶惶然无所适从，所以不知不觉对这个问题特别重视起来。现在我深信这是一个魔障，凡是一天到晚闹技巧的，就是艺术工匠而不是艺术家。一个人跳不出这一关，一辈子也休想梦见艺术！艺术是目的，技巧是手段：老是只注意手段的人，必然会忘了他的目的。甚至一些有名的 virtuoso〔演奏家，演奏能手〕也犯这个毛病，不过程度高一些而已。

你到处的音乐会，据我推想，大概是各地的音乐团体或是交响乐队来邀请的，因为十一月至明年四五月是欧洲各地的音乐节。你是个中国人，能在 Chopin〔萧邦〕的故国弹好 Chopin〔萧邦〕，所以他们更想要你去表演。你说我猜得对不对？

昨晚陪你妈妈去看了昆剧：比从前差多了。好几出戏都被"戏改会"改得俗滥，带着绍兴戏的浅薄的感伤味儿和骗人眼目的花花绿绿的行头。还有是太卖弄技巧（武生）。陈西禾也大为感慨，说这个才是"纯技术观点"。其实这种古董只是音乐博物馆与戏剧博物馆里的东西，非但不能改，而且不需要改。它只能给后人做参考，本身已没有前途，改它干吗？改得好也没意思，何况是改得"点金成铁"！

（一九五四年十一月二十三日夜）

（1）"艺术是目的，技巧是手段"，结合选文谈谈你的理解。

（2）艺术家应该是要善于抒发自己的感情，为什么傅雷先生教导儿子要控
    制自己的感情？

（3）在选文中，傅雷主要与儿子讨论哪类话题，你还能从原著中举出三类
    傅雷与儿子探讨的话题吗？

4. 阅读下面文字，回答问题。

    修理的房子还没有干透，爸爸还在三楼工作，他对工作的有规律，你是深
知的。服尔德（伏尔泰的旧译）的作品译了三分之二，每天总得十小时以上，
预计九月可出版。近来工作紧张了，晚上不容易睡好，我叫他少做些，他总是
非把每天规定的做完不可，性格如此，也没办法。一空下来，他还要为你千思
百虑的操心，替你想这样想那样，因为他是出过国的，要把过去的经验尽量告
诉你，可以减少许多不必要的周折。他又是样样想得周到，有许多宝贵的意见，
他得告诉你，指导你，提醒你。孩子，千万别把爸爸的话当耳边风，一定要牢
牢记住，而且要经过一番思索，我们的信可以收起来，一个人孤寂的时候，可
以不时翻翻。我们做父母的人，为了儿女，不怕艰难，不辞劳苦，只要为你们
好，能够有助于你们的，我们总尽量的给。希望你也能多告诉我们。你的忧，
你的乐，就是我们的，让我们永远联结在一起。我们虽然年纪会老，可是不甘

落后，永远也想追随在你们后面。

唱片的 card（卡片），我已全部做好，以作曲家为主，什么作品，谁的指挥，什么乐队，谁的独奏，都写得清清楚楚，而且放在哪个柜子，哪一格内，第几号，都写在唱片袋上，所以要找方便，要归还也方便。一共有五百多张唱片，也不算少了。等到书房搬好，爸爸还要我做书的卡片，好像图书馆一样，你看我忙吗？反正我喜欢工作，没有事反觉无聊。每天一上午我要帮着做杂务，到下午才有时间分配给爸爸，晚上是我最舒服的时间，透一口气，可以静下来看看书了。

（一九五四年七月二十九日）

（1）从文段中可以看出母亲是一位什么样的人？请简要分析。

（2）结合原著其他内容说说母亲在给儿子的信中主要谈了哪些方面的问题？

（3）你读了母亲给傅聪的书信，有什么感悟？请写下来。

5. 阅读下面文字，回答问题。

【A】八月二十九日（父亲）

八月二十日报告的喜讯使我们心中说不出的欢喜和兴奋。你在人生的旅途中踏上一个新的阶段，开始负起新的责任来，我们要祝贺你、祝福你、鼓励你。希望你拿出像对待音乐艺术一样的毅力、信心、虔诚，来学习人生艺术中最高深的一课。但愿你将来在这一门艺术中得到像你在音乐艺术中一样的成功！发生什么疑难或苦闷，随时向一两个正直而有经验的中、老年人讨教，（你在伦敦已有一年八个月，也该有这样的老成的朋友吧？）深思熟虑，然后决定，切勿单凭一时冲动：只要你能做到这几点，我们也就放心了。

对终身伴侣的要求，正如对人生一切的要求一样不能太苛。事情总有正反两面：追得你太迫切了，你觉得负担重；追得不紧了，又觉得不够热烈。温柔的人有时会显得懦弱，刚强了又近乎专制。幻想多了未免不切实际，能干的管家太太又觉得俗气。只有长处没有短处的人在哪儿呢？世界上究竟有没有十全十美的人或事物呢？抚躬自问，自己又完美到什么程度呢？这一类的问题想必你考虑过不止一次。我觉得最主要的还是本质的善良，天性的温厚，开阔的胸襟。有了这三样，其他都可以逐渐培养；而且有了这三样，将来即使遇到大大小小的风波也不致变成悲剧。做艺术家的妻子比做任何人的妻子都难；你要不预先明白这一点，即使你知道"责人太严，责己太宽"，也不容易学会明哲、体贴、容忍。只要能代你解决生活琐事，同时对你的事业感兴趣就行，对学问的钻研等等暂时不必期望过奢，还得看你们婚后的生活如何。眼前双方先学习相互的尊重、谅解、宽容。

对方把你作为她整个的世界固然很危险，但也很宝贵！你既已发觉，一定会慢慢点醒她；最好旁敲侧击而勿正面提出，还要使她感到那是为了维护她的人格独立，扩大她的世界观。倘若你已经想到奥里维的故事，不妨就把那部书叫她细读一二遍，特别要她注意那一段插曲。像雅葛丽纳那样只知道 love，love，love！〔爱，爱，爱！〕的人只是童话中人物，在现实世界中非但得不到 love，连日子都会过不下去，因为她除了 love 一无所知，一无所有，一无所爱。这样狭窄的天地哪像一个天地！这样片面的人生观哪会得到幸福！无论男女，只有把兴趣集中在事业上、学问上、艺术上，尽量抛开渺小的自我（ego），才有快活的可能，才觉得活的有意义。未经世事的少女往往会存一个荒诞的梦想，以为恋爱时期的感情的高潮也能在婚后维持下去。这是违反自然规律的妄想。古语说，"君子之交淡如水"；又有一句话说，"夫妇相敬如宾"。可见只有平静、含蓄、温和的感情方能持久；另外一句的意义是说，夫妇到后来完全是一种知己朋友的关系，也即是我们所谓的终身伴侣。未婚之前双方能深切领会到这一点，就为将来打定了最可靠的基础，免除了多少不必要的误会与痛苦。

你是以艺术为生命的人，也是把真理、正义、人格等等看作高于一切的人，也是以工作为乐的人；我用不着唠叨，想你早已把这些信念表白过，而且竭力灌输给对方的了。我只想提醒你几点：第一，世界上最有力的论证莫如实际行动，最有效的教育莫如以身作则；自己做不到的事千万勿要求别人；自己也要犯的毛病先批评自己，先改自己的。第二，永远不要忘了我教育你的时候犯的许多过严的毛病。我过去的错误要是能使你避免同样的错误，我的罪过也可以减轻几分；你受过的痛苦不再施之于他人，你也不算白白吃苦。总的来说，尽管指点别人，可不要给人"好为人师"的感觉。奥诺丽纳（你还记得巴尔扎克那个中篇吗？）的不幸一大半是咎由自取，一小部分也因为丈夫教育她的态度伤了她的自尊心。凡是童年不快乐的人都特别脆弱（也有训练得格外坚强的，但只是少数），特别敏感，你回想一下自己就会知道对待你的爱人要如何 delicate

〔温柔〕，如何 discreet〔谨慎〕了。

我相信你对爱情问题看得比以前更郑重更严肃了；就在这考验时期，希望你更加用严肃的态度对待一切，尤其要对婚后的责任先培养一种忠诚、庄严、虔敬的心情！

（一九六○年八月二十九日）

【B】八月二十九日（母亲）

今天接到你的喜讯，真是说不出的高兴，做母亲的愿望总算实现了。男大当婚，女大当嫁，这是天经地义的事，但愿你跟弥拉姻缘美满，我们为儿女担的心也算告一段落。她既美丽、聪明、温柔，对你是最合适了；我常常讲，聪找的对象一定要有这样的条件，因为我跟你爸爸的结合，能够和平相处，就是一个很显著的例子。只要真正认识对方，了解对方，就是受些委屈，也是不计较的。归根结底，到底自己也有错误的地方。希望你不要太苛求，看事情不要太认真，平易近人，总是给人一种体贴亲切之感。尤其对你终身的伴侣，不可三心二意，要始终如一。只要你们真正相爱，互相容忍，互相宽恕，难免的小波折很快会烟消云散。尤其你自己身上的缺点很多，你太像父亲了，只要有自知之明，你的爱人就会幸福。还有一点要提醒你，以后再也不要怀念童年的初恋，人家早已成了家，不但想了无用，而且无意中流露出来，也徒然增加你现在爱人的误会，那是最犯忌的，也是没有意义的。爸爸已经说了许多，而且都是经验之谈，我们在人生的旅途上走了几十年，非但结合自己的经历，而且朋友之中多多少少悲欢离合的事也看得很多，所以尽量告诉你，目的就是希望你们永远幸福。

（一九六○年八月二十九日）

（1）同一天，父亲和母亲都各自写长长的信给儿子的原因是：_____

_____。

（2）对待爱情和婚姻，父亲和母亲有何异同？

（3）联系原著谈谈你对傅雷这些家书的感受。

6.阅读下面文字，回答问题。

早预算新年中必可接到你的信，我们都当作等待什么礼物一般的等着。果然昨天早上收到你（波10）来信，而且是多少可喜的消息。孩子！要是我们在会场上，一定会禁不住涕泗横流的。世界上最高的最纯洁的欢乐，莫过于欣赏艺术，更莫过于欣赏自己的孩子的手和心传达出来的艺术！其次，我们也因为你替祖国增光而快乐！更因为你能借音乐而使多少人欢笑而快乐！想到你将来一定有更大的成就，没有止境的进步，为更多的人更广大的群众服务，鼓舞他们的心情，抚慰他们的创痛，我们真是心都要跳出来了！能够把不朽的大师的不朽的作品发扬光大，传布到地球上每一个角落去，真是多神圣、多光荣的使命！孩子，你太幸福了，天待你太厚了。我更高兴的更安慰的是：多少过分的谀词与夸奖，都没有使你丧失自知之明，众人的掌声、拥抱，名流的赞美，都没有减少你对艺术的谦卑！总算我的教育没有白费，你二十年的折磨没有白受！你能坚强（不为胜利冲昏了头脑是坚强的最好的证据），只要你能坚强，我就一辈子放了心！成就的大小、高低，是不在我们掌握之内的，一半靠人力，一半靠天赋，但只要坚强，就不怕失败，不怕挫折，不怕打击——不管是人事上的，生活上的，技术上的，学习上的——打击；从此以后你可以孤军奋斗了。何况事实上有多少良师益友在周围帮助你，扶掖你。还加上古今的名著，时时刻刻给你精神上的养料！孩子，从今以后，你永远不会孤独的了，即使孤独也不怕的了！

（一九五五年一月二十六日）

（1）对文中画线句子理解错误的一项是（　　　　）。

A. 对儿子在音乐会上的成功演出，傅雷感到莫大的幸福与骄傲。

B. 既表现了傅雷对艺术的热爱，也表达了对儿子的挚爱之情。

C. 傅雷觉得儿子的成功并不重要，重要的是儿子为祖国增了光，给别人带来欢笑。

D. 傅雷的欢乐来自于儿子的成功和儿子为祖国增光、给别人带来欢笑。

（2）贯穿整段文字的主旨是傅雷要儿子做一个（　　　　）的人。

A. 谦卑　　　　　B. 幸福　　　　　C. 成功　　　　　D. 坚强

（3）对本段文字理解错误的一项是（　　　　）。

A. 本段文字满怀着欣喜，洋溢着激情。

B. 本段文字是傅雷对自己儿子在成功时的谆谆教诲，展现出他的骄傲深情以及殷切期望。

C. 傅雷希望儿子在取得巨大成功时仍然保持谦卑，不惧孤独，勇于攀登艺术的至境。

D. 本段文字偏重理性，言辞恳切，表现了傅雷对儿子的理解与宽容。

7. 阅读下面文字，回答问题。

　　"理财"，若作为"生财"解，固是一件难事，作为"不亏空而略有储蓄"解，却也容易做到。只要有意志，有决心，不跟自己妥协，有狠心压制自己的fancy〔欲望〕！老话说得好：开源不如节流。我们的欲望无穷，所谓"欲壑难填"，若一手来一手去，有多少用多少，即使日进斗金也不会觉得宽裕的。既然要保持清白，保持人格独立，又要养家活口，防旦夕祸福，更只有自己紧缩，将"出口"的关口牢牢把住。"入口"操在人家手中，你不能也不愿奴颜婢膝的乞求；"出口"却完全操诸我手，由我做主。你该记得中国古代的所谓清流，有傲骨的人，都是自甘淡泊的清贫之士。清贫二字为何连在一起，值得我们深思。我的理解是，清则贫，亦唯贫而后能清！我不是要你"贫"，仅仅是约制自己的欲望，做到量入为出，不能说要求太高吧！这些道理你全明白，无须我啰嗦，问题是在于实践。你在艺术上想得到，做得到，所以成功；倘在人生大小事务上也能说能行，只要及到你艺术方面的一半，你的生活烦虑也就十分中去了八分。古往今来，艺术家多半不会生活，这不是他们的光荣，而是他们的失败。失败的原因并非真的对现实生活太笨拙，而是不去注意，不下决心。因为我所谓"会生活"不是指发财、剥削人或是啬刻，做守财奴，而是指生活有条理，收支相抵而略有剩余。要做到这两点，只消把对付艺术的注意力和决心拿出一小部分来应用一下就绰乎有余了！

　　我们朋友中颇有收入很少而生活并不太坏的，对外也不显得鄙吝或寒酸。你周围想必也有这种人，你观察观察学学他们，岂不是好？而且他们除了处处多讲理性，善于克制以外，也并无别的诀窍。

　　……像我们这种人，从来不以恋爱为至上，不以家庭为至上，而是把艺术、学问放在第一位，作为人生目标的人，对物质方面的烦恼还是容易摆脱的，可是为了免得后顾之忧，更好的从事艺术与学问，也不能不好好的安排物质生活；

光是瞧不起金钱,一切取消极态度,早晚要影响你的人生最高目标——艺术的!希望克日下决心,在这方面采取行动!一切保重!

"战战兢兢"勿写做"竞竞","非同小可"勿写做"岂同小可"。

（一九六二年三月一日）

（1）结合选文及原著,谈谈傅雷是如何教儿子理财的?

（2）在这封信里,傅雷很少像以往一样谈艺术、学问、文化,而是重点谈到了理财的学问,持家的道理。从中可以看出傅雷是一位怎样的父亲?

（3）写信是人与人之间传递情感,展开深层次心灵交流的常见方式,它与面对面的交流有着不同的效果,如果让你就某一个话题,跟父母进行一次朋友式的书信交流,你准备谈哪一个话题?

五、真题再现

1.【2018 年黑龙江龙东地区】阅读下面的文字，回答问题。

"这一回可不然，你的确和莫扎特起了共鸣，你的脉搏跟他的脉搏一致了，你的心跳和他的同一节奏了；你活在他的身上，他也活在你身上；你自己与他的共同点被你找出来了，抓住了，所以你才会这样欣赏他，理解他。"

选段中的文字选自《＿＿＿＿＿＿》。作者现身说法，教导文中的"你"做一个"＿＿＿＿、＿＿＿＿"的艺术家。

2.【2017 年湖北襄阳】名著之所以"著名"，不仅因文字，更因情怀。《傅雷家书》是一部书信集，凝聚着傅雷先生对＿＿＿＿、对儿子深沉的爱。

3.【2016 年黑龙江绥化】傅雷教导儿子待人要＿＿＿＿、做事要＿＿＿＿、礼仪要＿＿＿＿、遇困境不＿＿＿＿。

4.【2015 年四川泸州】名著阅读。

阅读《傅雷家书》中的一段书信，回答下列问题。

你素来有两个习惯：一是到别人家里，进了屋子，脱了大衣，却留着丝围巾；二是常常把手插在上衣口袋里，或是裤袋里。这两件都不合西洋的礼貌。围巾必须和大衣一同脱在衣帽间，不穿大衣时，也要除去围巾。手插在上衣袋里比插在裤袋里更无礼貌，切忌切忌！何况还要使衣服走样，你所来往的圈子特别是有教育的圈子，一举一动务须特别留意。对客气的人，或是师长，或是老年人，说话时手要垂直，人要立直。你这种规矩成了习惯，一辈子都有好处。

在饭桌上，两手不拿刀叉时，也要平放在桌下，搁在自己腿上或膝盖上。你只要留心别的有教养的青年就可知道。刀叉尤其不要掉在盘上，叮叮当当的。

（1）傅雷在这封信中，从哪方面对儿子进行了教导？

（2）怎样才能成为傅雷所希望的有教养的青年？请简要回答。

5.【2015年四川成都】阅读下面的文字，回答问题。

　　假如你能掀动听众的感情，使他们如醉如狂，哭笑无常，而你自己屹如泰山，像调度千军万马的大将军一样不动声色，那才是你最大的成功，才是到了艺术与人生的最高境界。你该记得贝多芬的故事，有一回他弹完了琴，看见听的人都流着泪，他哈哈大笑道："嘿！你们都是傻子。"艺术是火，艺术家是不哭的。这当然不能一蹴即成，尤其是你，但不能不把这境界作为你终生努力的目标。罗曼·罗兰心目中的大艺术家，也是这一派。

　　这段文字摘自傅雷1954年11月23日夜写给儿子的信，信中他希望儿子达到"艺术与人生最高的境界"指的是_____

_____。

6.【2015年黑龙江绥化】阅读《傅雷家书》选段，回答问题。

一九五六年二月二十九日夜

亲爱的孩子：

　　昨天整理你的信，又有些感想。

　　关于莫扎特的话，例如说他天真、可爱、清新等等，似乎很多人懂得；但弹起来还是没有那天真、可爱、清新的味儿。这道理，我觉得是"理性认识"与"感情深入"的分别。感性认识固然是初步印象，是大概的认识；理性认识是深入一步，了解到本质。但是艺术的领会，还不能以此为限。必须再深入进去，把理性所认识的，用心灵去体会，才能使原作者的悲欢喜怒化为你自己的悲欢喜怒，使原作者每一根神经的震颤都在你的神经上引起反响。否则即使道理说了一大堆，仍然是隔了一层。一般艺术家的偏于intellectual〔理智〕，偏于cold〔冷静〕，就因为他们停留在理性认识的阶段上。

　　比如你自己，过去你未尝不知道莫扎特的特色但你对他并没发生真正的共鸣；感之不深，自然爱之不切了；爱之不切，弹出来当然也不够味儿；而越是不够味儿，越是引不起你兴趣。如此循环下去，你对一个作家当然无从深入。

　　这一回可不然，你的确和莫扎特起了共鸣，你的脉搏跟他的脉搏一致了，你的心跳和他的同一节奏了；你活在他的身上，他也活在你身上；你自己与他的共同点被你找出来了，抓住了，所以你才会这样欣赏他，理解他。

　　由此得到一个结论：艺术不但不能限于感性认识，还不能限于理性认识，必须要进行第三步的感情深入。换言之，艺术家最需要的，除了理智以外，还有一个"爱"字！所谓赤子之心，不但指纯洁无邪，指清新，而且还指爱！法文里有句话叫作"伟大的心"，意思就是"爱"。这"伟大的心"几个字，真有意义。而且这个爱绝不是庸俗的、婆婆妈妈的感情，而是热烈的、真诚的、洁白的、高尚的、如火如荼的、忘我的爱。

（1）结合语境，解释画线词语的含义。

（2）作者在分析了孩子过去和现在弹奏的差别后，得出了一个结论是什么。

7.【2019年江苏省滨淮八年级月考试题】名著阅读。

（1）下面说法正确的一项是（　　　）

    A.《傅雷家书》摘编了傅雷先生1954年至1964年6月的186封书信，

      最长的一封七千多字。

    B.傅雷教导傅聪先为人，次为艺术家，再为钢琴家，终为音乐家。

    C.傅雷教育儿子要做一个德艺俱备、人格卓越的艺术家。

    D.傅雷教导儿子待人要谦虚、做事要严谨、礼仪要随意、遇困境不气馁。

（2）《傅雷家书》是一本书信集，由傅雷写给儿子的很多信构成。关于写

    这些信的目的，傅雷在给傅聪的信里曾这样说："长篇累牍的给你写信，

    不是空唠叨，不是莫名其妙的gossip，而是有好几种作用的。

    第一，＿＿＿＿＿＿＿＿＿＿＿＿＿＿＿＿＿＿＿＿＿＿＿＿；

    第二，＿＿＿＿＿＿＿＿＿＿＿＿＿＿＿＿＿＿＿＿＿＿＿＿；

第三，_____（　　）；

第四，我想时刻给你做个警钟，做面"忠实的镜子"，不论在做人方面，在生活细节方面，在艺术修养方面，在演奏姿态方面……做一个"……的艺术家"。

（3）品语言

《傅雷家书》对人们的道德、思想、情操、文化修养的启迪作用既深且远，文中的名言警句充满了生活哲理，请从下面备选的句子中选择你最喜欢的一句，加以品析。

A. 太阳太强烈，会把五谷晒焦；雨水太猛，也会淹死庄稼。

B. 一个人惟有敢于正视现实，正视错误，用理智分析，彻底感悟，才不至于被回忆侵蚀。我相信你逐渐会学会这一套，会越来越坚强的。

C. 多少过分的谀词与夸奖，都没有使你丧失自知之明，众人的掌声、拥抱，名流的赞美，都没有减少你对艺术的谦卑！总算我的教育没有白费，你二十年的折磨没有白受！你能坚强，只要你能坚强，我就一辈子放了心！

我选择_____句，理由是_____

_____。

（4）读节选，完成习题。

音乐院院长说你的演奏像流水、像河；更令我想到克利斯朵夫的象征。天舅舅说你小时候常以克利斯朵夫自命；而你的个性居然和罗曼·罗兰的理想有些相像了。河，莱茵，江声浩荡……钟声复起，天已黎明……中国正到了"复旦"的黎明时期，但愿你做中国的——新中国的——钟声，响遍世界，响遍每个人的心！滔滔不竭的流水，流到每个人的心坎里去，把大家都带着，跟你一块到无边无岸的音响的海洋中去吧！名闻世界的扬子江与黄河，比莱茵的气势还要大呢！……黄河之水天上来，奔流到海不复回！……无边落木萧萧下，不尽长江滚滚来！……有这种诗人灵魂的传统的民族，应该有气吞牛斗的表现才对。

你说常在矛盾与快乐之中，但我相信艺术家没有矛盾不会进步，不会演变，不会深入。有矛盾正是生机蓬勃的明证。眼前你感到的还不过是技巧与理想的矛盾，将来你还有反复不已更大的矛盾呢：形式与内容的枘凿，自己内心的许许多多不可预料的矛盾，都在前途等着你。别担心，解决一个矛盾，便是前进一步！矛盾是解决不完的，所以艺术没有止境，没有 perfect〔完美，十全十美〕的一天，人生也没有 perfect〔完美，十全十美〕的一天！唯其如此，才需要我们日以继夜，终生的追求、苦练；要不然大家做了羲皇上人，垂手而天下治，做人也太腻了！

（节选自《傅雷家书》1955 年 1 月 26 日）

① 文中提到罗曼·罗兰笔下的约翰·克利斯朵夫（以贝多芬为原型），傅聪常以克利斯朵夫自命，其个性也与之相像，请结合画线句子，傅雷这么说有什么用意？

② 你对"要不然大家做了羲皇上人，垂手而天下治，做人也太腻了！"这句话是怎样理解的？

③文中引用"黄河之水天上来,奔流到海不复回"和"无边落木萧萧下,
不尽长江滚滚来"的古诗句来展示黄河、长江磅礴的气势,你能再补
充一句描写黄河或长江的古诗句吗?请写出连续的两句。

描写黄河:

描写长江:

参考答案

（一）填空题

1. 如何教育孩子

2. 翻译　评论　34　法

3. 傅聪

4. 学问　艺术　真理

5. 人　艺术家　音乐家　钢琴家

6. 杰维茨基

7.《矛盾论》　《实践论》

8. 有些罪过只能补赎，不能洗刷！

9. 钢琴匠　奏琴的机器

10. 没有事实表现　大小事都要对人家有交代

（二）选择题

1.A　2.A　3.A　4.C　5.C　6.C　7.A　8.A　9.B　10.A　11.A

（三）问答题

1. 第一封信表现了如和风细雨，款款相慰地鼓励的父爱；第二封信表现了满怀
　　欢喜，热情洋溢地勉励的父爱。

2. 第一，我的确把你当作一个讨论艺术，讨论音乐的对手；第二，极想激出你
　　一些青年人的感想，让我做父亲的得些新鲜养料，同时也可以间接传布给别
　　的青年；第三，借通信训练你的——不但是文笔，而尤其是你的思想；第四，
　　我想时时刻刻，随处给你做个警钟，做面"忠实的镜子"，不论在做人方面，
　　在生活细节方面，在艺术修养方面，在演奏姿态方面。

3. 这句话饱含哲理，它形象地告诉人们，人的一生不可能一帆风顺，有成功，也失败；有得意，更有失落。因此要以一种达观的心态坦然地面对人生的诸多痛苦。

4. （1）人生和艺术上的知音关系；（2）亲密无间的朋友；（3）师生关系

5. 克利斯朵夫的经历是一切艺术家的缩影和结晶，而傅聪在国外学音乐，一直以克利斯朵夫为榜样，甚至自称克利斯朵夫。而父亲傅雷特举克利斯朵夫的例子正是为了激励儿子勇敢地直面困难，从消沉中振奋起来，重新投入到艺术之中去，以早日实现自己的梦想。

6. 在傅雷眼中，"坚强"不仅是在失败时能勇敢地直面现实，达观地看待事业上的失败；而且更包括在成功时，面对鲜花和掌声，能保持清醒的头脑，永远保持对艺术的谦卑。这样才能如古人所言的"不以物喜，不以己悲"，才能做到宠辱不惊，得失泰然。

7. 从傅雷的论述看，"赤子之心"指内心纯洁，不含私心杂念，执着于对艺术的追求，因而没有欲望纷争。而这种境界很难为一般的人所认识和理解，在现实生活中难免会境遇不佳，处于孤独的处境。但人类的美好而纯洁的情感却是相通而永存的，足以让他无惧身边的孤独，因为他在精神上是不会孤独的。

（四）阅读理解

1. （1）你二三岁到六七岁间的小故事。

（2）回忆儿子的往事这件事。因回忆儿子的往事（回想与儿子在一起的日子）而快乐，因儿子离开父母（只能靠回忆来寄托思念之情）而惆怅。

（3）儿子变成了朋友。

（4）第一处从"转折"或"衬托"的角度作答；第二处从"反问"角度作答即可。

（5）应选第二句。第二句与全文语气、口吻相一致，态度谦和，语气亲切，像和朋友谈心一般。

（6）①青年人应该理解长辈的情感，尊重老人的意见。

②长辈应克服落伍、迂腐、不够耐心、不太讲究说话技巧等弱点。（本题应综合"不太落伍，不太迂腐，不至于惹你厌烦"和"学得了忍耐，学到了说话的技巧，学到了把感情升华"两处回答）

③建立和谐融洽、没有隔膜的朋友般的关系。

2.（1）李白与杜甫诗作的区别：杜甫写实，李白浪漫；写实可学，浪漫底克不可学。

（2）希望能够对儿子学习有帮助，有所引导；希望儿子学习理解博大精深的中国文化，也是爱国的表现。

（3）①《傅雷家书》是书信体：具有传递信息和交流感情的作用，在这封信里傅雷与儿子谈论诗词，探讨中国古典文学，从中可见傅雷的深厚文学底蕴和文化知识；②感情真挚：作为父亲的傅雷与儿子无话不说，从艺术、学问到感情婚姻，到如何理财等事无巨细，无微不至；③文字优美，富含哲理：傅雷在信中运用了系列比喻和名人话语将中国文学诉诸笔端，文质兼美。

3.（1）练就了娴熟的技巧，再加上自己对艺术的感悟和理解就能够很好地表现艺术。但过分关注技巧，而没有对艺术深刻理解，就会成为艺术工匠，而不是艺术家。所以，技巧仅是表现艺术的手段，而不是目的。

（2）许多艺术家正是因为没有很好地控制自己的感情，精神失去控制，甚至走上了自杀的道路。为了艺术的修养，感情过多的人还需尽量自制。傅雷以中国哲学的理想和佛教的理想教导儿子学会控制自己的感情，以完好的精神品质走上艺术的巅峰。

（3）在这一封信中，傅雷主要与儿子讨论艺术的话题。在原著中，傅雷与儿子探讨的话题还包括：如何学会理财、处理感情婚姻问题、如何劳逸结合、如何做人等话题。

4.（1）从他对傅雷的身体状况的了解中可以看出她是一位很爱自己丈夫的妻子；他为儿子整理唱片，事无巨细，从中可以看出她是一位做事细心认真，非常关爱儿子的母亲。

（2）①谈家长里短的生活琐事，表达对儿子的爱与思念。②谈爱情与婚姻的看法，劝诫儿子。

（3）示例：母亲是天下最爱你的人之一，她时刻想着孩子的前途与生活，事无巨细，无微不至。母亲的感情细腻而温柔，她和孩子谈家长里短，表达对孩子的思念与牵挂；她和孩子谈爱情，谈婚姻。我们要感恩母亲，有能力时要报答母亲。

5.（1）得知儿子新婚的喜讯，父母心情激动，急于祝福并有很多经验要告诉儿子。

（2）父亲认为，爱情与婚姻应建立在志趣相投与人格独立的基础之上才会牢固，希望儿子理智对待，别为了儿女情长丢了自己的艺术与事业，婚姻不是儿戏，夫妻之间应互相尊重；母亲认为，应对妻子多些宽容，对伴侣要始终如一，夫妻之间应互相容忍、互相宽恕，婚后不可怀念初恋，向前看，生活越来越幸福美好。

（3）示例：《傅雷家书》主要是傅雷先生写给远在外国的儿子的书信集。傅雷通过家书这种形式，关心和教育儿子，给儿子智慧和鼓舞。字里行间，充满了父亲对儿子的挚爱和期望，以及对国家和世界的高尚情感。

6.（1）C （2）D （3）D

7.（1）①对家庭经济应做好计划和安排，才能避免捉襟见肘，甚至陷入财政危机；②开源不如节流，希望儿子节约，别乱花钱；③量入为出，勤俭持家。

（2）①爱子情深，对儿子事无巨细，不仅关心儿子的艺术，还关心他的生活，甚至对他的错字都纠正；②从傅雷的理财、持家之道的讲述中，可以看出他自己是一位勤俭节约，善于持家的好家长。

（3）示例：如果是我跟父亲进行朋友式的书信交流，我准备谈"旅行"这个话题。因为我和父母都喜欢旅行，在旅行中也会以朋友般相处。在内容上我会回忆自己以往和父母旅行的美好片段，分享我在旅行中的感受，感恩父母的陪伴，为和父母进行下一次旅行做出规划。（结合自己的实际情况并且有情感表达即可。）

真题再现

1.傅雷家书 德艺双馨 人格卓越

2.祖国

3.谦虚 严谨 得体 气馁

4.（1）日常生活，文明礼仪，习惯养成（意思相同即可）

（2）内因：①加强学习，认识教养的重要；②从日常生活小事做起；③持之以恒。④外因：家长老师的鼓励督促。（答对任意3点，即可）

5.能掀动听众的感情，使他们如醉如狂，哭笑无常，而你自己屹如泰山，像调度千军万马的大将军一样不动声色。

6.（1）"使原作者的悲欢喜怒化为你自己的悲欢喜怒，使原作者每一根神经的震颤都在你的神经上引起反响。"（或者"你的脉搏跟他的脉搏一致了，你的心跳和他的同一节奏了；你活在他的身上，他也活在你身上；你自己与他的共同点被你找出来了，抓住了，所以你才会这样欣赏他，理解他。"）

（2）"艺术不但不能限于感性认识，还不能限于理性认识，必须要进行第三步的感情深入。"（用自己的话概括或引用文中的原话均可）

7.（1）C

（2）第一，我的确把你当作一个讨论艺术、讨论音乐的对手；第二，极想激出你一些青年人的感想，让我做父亲的得些新鲜养料，同时也可以间接传布给别的青年；第三，借通信训练你的——不但是文笔，而尤其是你的思想。

（3）例如，选A，理由：该句运用比喻的修辞手法，形象地说明了控制情绪的必要。选B，理由是这句话我明白了现实不能逃避，错误还需正视，冷静地分析事情的前因后果，吸取教训，引以为鉴，那样就能够无坚不摧，就可以不怕挫折，不怕打击，甚至是不怕孤独，人也就变得坚强了。选C，理由是：这句话首先赞许儿子在成功面前没有昏头、没有因为赞美而骄傲的对待荣誉的冷静而平静的态度，然后回首"我的教育"和"你二十年的折磨"并对它们进行了肯定，最后说到"坚强"，这里"坚强"的意思已不是挺住困难，而是要挺住成功，不要被胜利冲昏头脑，不要因暂时的成功而放弃进一步的追求。

（4）①这句话是傅雷旨在鼓励儿子像克里斯多夫一样不惧矛盾，勇敢面对，在解决矛盾的过程中趋向完美。

②这句话鼓励我们无论是做学问还是做其他事情都要有日以继夜，终生地追求、苦练的精神。

③黄河：黄河远上白云间，一片孤城万仞山；大漠孤烟直，长河落日圆；白日依山尽，黄河入海流；欲渡黄河冰塞川，将登太行雪满山……

长江：大江东去浪淘尽，千古风流人物；孤帆远影碧空尽，唯见长江天际流；天门中断楚江开，碧水东流至此回；山随平野尽，江入大荒流……

【解析】

（1）A项《傅雷家书》应该傅雷及夫人1954-1966年间写给孩子傅聪、傅敏的家信，B项中傅雷教导傅聪应该是"先为人，次为艺术家，再为音乐家，终为钢琴家"，D项中傅雷教导儿子应该是待人要谦虚，做事要严谨，礼仪要得体，遇困境不气馁。故选C。

（2）《傅雷家书》是一本书信集，由傅雷写给儿子的很多信构成。关于写这些信的目的，傅雷在给傅聪的信里曾这样说：长篇累牍的给你写信，不是空唠叨，不是莫名其妙的gossip〔说长道短〕，而是有好几种作用的。第一，我的确把你当作一个讨论艺术、讨论音乐的对手；第二，极想激出你一些青年人的感想，让我做父亲的得些新鲜养料，同时也可以间接传布给别的青年；第三，借通信训练你的——不但是文笔，而尤其是你的思想；第四，我想时时刻刻，随处给你做个警钟，做面"忠实的镜子"，不论在做人方面，在生活细节方面，在艺术修养方面，在演奏姿态方面。

（3）此题是在结合名著内容赏析句子。如果选择A句"太阳太强烈，会把五谷晒焦；雨水太猛，也会淹死庄稼"就可以结合比喻的修辞来赏析，生动形象地写出了控制情绪的重要性。如果选择B句可以结合丛中得到的启示来谈。如果选择C句，理由就可以结合傅雷对儿子的赞扬和期望来谈。据此理解作答即可。

（4）①文中提到罗曼·罗兰笔下的约翰·克利斯朵夫（以贝多芬为原型），说傅聪常以克利斯朵夫自命，其个性也与之相像；又说"有矛盾正是生机蓬勃的明证"。其意旨在鼓励儿子像贝多芬一样不惧矛盾，勇敢面对，在解决矛盾的过程中趋向完美。②此句主要是傅雷教导儿子"日以继夜,终生的追求、苦练",所以答题时结合这些作答即可。③此题考查的是古诗的积累。古诗中描写长江和黄河的不少,例如:长江——山随平野尽,江入大荒流。黄河——黄河远上白云间,一片孤城万仞山等。

多读书，好读书，读好书

读整本的书

——随书免费赠送——

ISBN 978-7-80770-188-0

9 787807 701880 >

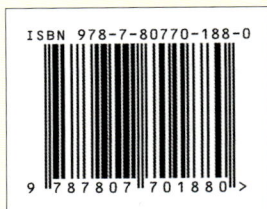

扫一扫·有惊喜

定价：25.00元